Jürgen Kaiser,
Warum Schwaben zum Lachen in den Keller gehen

Jürgen Kaiser

Warum Schwaben zum Lachen in den Keller gehen

Edition
Gemeindeblatt

Bibliografische Information der Deutschen Bibliothek:
Die Deutsche Bibliothek verzeichnet diese Publikation in der Deutschen Nationalbibliografie; detaillierte bibliografische Daten sind im Internet über http://dnb.ddb.de abrufbar

Lektorat: text_dienst, Isolde Bacher, Stuttgart
Typografie und Satz: Rund ums Buch – Rudi Kern, Kirchheim/Teck
Umschlaggestaltung und Illustration: Uli Gleis, Tübingen
Druck: Kösel GmbH & Co. KG, Altusried-Krugzell

ISBN 978-3-920207-86-5

Inhalt

9   Vorwort

13   „Gega a Vorurteil ka'sch nex macha …"
       Vom aussichtslosen Kampf gegen Vorurteile

17   „Älles z'rick auf A'fang!"
       Wenn Schwaben tiefgründig werden, fangen sie bei
       Adam und Eva an

21   „Bei d'r Reformatio hats en Schlag doa!"
       Mit der Reformation wurde alles anders

28   „Eigentlich war d'r Herzich Ulrich en
       Lombasiach"
       Die Schwaben hielten nichts von Herzog Ulrich

31   „D'r Herzich Christoph isch en Sega' g'wä
       fürs Ländle"
       Herzog Christoph war ein Glücksfall für das Land

33   „So, jetzt wird g'lernt – g'lesa ond g'schrieba ond
       g'rechnet"
       Die Reformer schufen eine Schulstiftung

38 „Au'basst! Bald knallts!"
Wir rühren einen schwäbischen Sprengstoff an

39 „Hondert Prozent Gerechtigkeit isch Bledsinn!"
Hundert Prozent gerecht wollten sie sein –
und machten alles falsch

42 „Jeder ond jede kriagts Gleiche!"
Das gute alte Recht – in diesem Fall
das Realerbteilrecht

45 „Nemm' Bretter, nagl' se zamme zon'ra
Schachtel – ond nix wia Donau na'"
Ab Ulm ging es mit dem Schiff ins „Gelobte Land"

48 „Wia g'sait: Glei' knallts!"
Der zweite Teil des schwäbischen Sprengstoffs:
bittere Armut

50 „Ond jetzt endlich knallts!"
Der dritte Teil des schwäbischen Sprengstoffs:
totale Überwachung

58 „Beim Pulver goht älles end Luft –
beim Schwoab nach enna nei!"
Der Sprengstoff explodiert – der Schwabe implodiert

64 „Vom Omgang mit'an'ander"
Schwäbische Kommunikation

68 „Schwäbische Camouflasch'"
Die getarnten Schwaben

70 „Dia oine schaffet mit d'r Hand, dia andere
mit em Hirn!"
Tüftler und Denker

75 „So isch's no au wieder!"
Die Kunst der schwäbischen Dialektik

79 „Damit Du net bäbba bleibsch!"
Schwäbische Fallen! Überlebenshilfe für schwäbisch
Angeheiratete!

83 „Des isch d'r sprengende Ponkt!"
Der schwäbische Schlüsselbegriff

84 „M'r Schwoba send hälenga"
Der Schwabe tut immer etwas geheimnisvoll

89 „So, ond jetz ab en da Keller"
Und jetzt noch die Geschichte mit dem Keller

91 „Jetzt kommet Schprich!"
Wie Schwaben ticken

Vorwort

Warum die Schwaben zum Lachen in den Keller gehen? Finden Sie es heraus. Mich jedenfalls hat diese Aussage über die Schwaben schon immer geärgert. Eben eines der vielen Vorurteile, dachte ich. Doch dann merkte ich mit der Zeit, dass vieles anders ist an den Schwaben. Auch an ihrem Humor. Damit wurde die Sache interessant.

Zunächst einmal muss ich klären, von welchen Schwaben ich denn da rede. Es könnten ja die Schwaben gemeint sein, von denen der römische Geschichtsschreiber Tacitus die einfache Formel aufstellte: Sueben sind gleich Alemannen – das sind zwei Namen für den gleichen Volksstamm. Da müssten jetzt die Badener aufschreien. Obschon es einmal ein Herzogtum Schwaben gab, das Baden und Württemberg, das Elsass, die deutschsprachige Schweiz, den Bregenzer Wald und den Regierungsbezirk Schwaben in Bayern umfasste. Aber das war in der Zeit des frühen Mittelalters. Also schon lange vorbei. Auch nach der Trennung in Baden und Württemberg lassen sich die Schwaben nicht so einfach verorten. Denn eigentlich sind Städte wie Stuttgart und Besigheim badische Gründungen, während Freiburg eine schwäbische Gründung ist – wenn man berücksichtigt, dass die Stammburg der Zähringer die Limburg in Weilheim unter Teck ist und der Baden-Begründer Berthold von Zähringen (der auch Freiburg gründete, mit Dom und Universität) von der Limburg stammte.

Auch mit den Sieben Schwaben kommt man nicht viel weiter. Einen nannte man den „Seehas", der kam aus Überlingen am Bodensee. Den „Gelbfüßler" kannte man aus Bopfingen, also aus dem Ostalbkreis, den „Knöpfleschwab" aus dem Ries, der „Nestelschwab" kam aus Freiburg, der „Blitzschwab" kam vom Lechfeld bei Augsburg (erst seit 1806 bayerisch), der „Spiegelschwab" stammte aus Memmingen (auch erst seit 1802 bayerisch). Dann gab es noch den „Allgäuer". Das Interessante dabei ist: keiner stammte aus dem Neckar- oder gar dem Remstal, keiner kam von der Schwäbischen Alb „ra". Von dem, was man heute mit Schwaben verbindet, ist nichts dabei, wenn es um die Sieben Schwaben geht.

Von meinen Nachforschungen handelt dieses Buch. Es ist eigentlich ein Vortrag, zu dem ich immer wieder eingeladen werde. Dieser Vortrag wurde aufgezeichnet, mein Freund Dieter Skubski hat ihn freundlicherweise abgeschrieben und mir den Text zum Geburtstag geschenkt. Dafür danke ich ihm.
Journalisten würden zu Recht sagen, dieser Text ist keine „Schreibe", sondern „Spreche". Das stimmt. Denn ich habe dem Text seine Herkunft als Vortrag bewusst gelassen.
Auch deswegen, weil ich immer wieder nach dem Manuskript des Vortrags gefragt wurde. Ich hatte aber nie ein Manuskript. Jedenfalls keines, das diesen Namen verdient hätte. Es war immer eine Ansammlung von Zetteln. Jetzt also gibt es diesen Vortrag zum Lesen.

Der Verleger der Gemeindepresse GmbH, Frank Zeithammer, hat mich ermutigt, den Vortrag zu veröffentlichen, und außerdem angeregt, dem Vortrag noch ein schwäbisch-deutsches

Glossar anzuhängen. Nicht nur, weil einige schwäbische Worte im Vortrag vorkommen, sondern auch, weil das Schwäbische als Dialekt heutzutage immer mehr zurückgedrängt wird. Sprich: es gibt immer weniger Leute, die es noch verstehen oder sogar sprechen. Da ich ein Verfechter des Dialekts bin, nehme ich diese Anregung gerne auf.

Mein Dank gilt Uli Gleis für seine fantasievollen Zeichnungen, an denen ich mich nicht sattsehen kann, Cornelia Fritsch für ihre ermutigende Begleitung und Isolde Bacher für das genaue Lektorat. Vor allem aber danke ich meiner Frau Christine, die mich immer wieder zu meinen Vorträgen ziehen lässt und das Manuskript mit spitzem Bleistift bearbeitete.

Ach ja: die Recherchen haben ergeben, dass ich mit den Schwaben, ihrer Mentalität, ihren „Medele" und nicht zuletzt mit ihrem Humor die evangelischen Schwaben aus dem alten Herzogtum meine. Katholische Schwaben ticken anders, Oberschwaben noch anders und alle, die ins Königreich Württemberg eingesammelt wurden, natürlich völlig anders.

Feuerbach, im Sommer 2013   *Jürgen Kaiser*

„Gega a Vorurteil ka'sch nex macha ..."

[gegɐ a' fo:ɐurtail kɐ'ʃ neks maxɐ]

Vom aussichtslosen Kampf gegen Vorurteile

Schwaben gehen zum Lachen in den Keller. So ist es überall zu hören, und es bedeutet nichts anderes, als dass die Schwaben völlig humorlos sind. Während andere lachen, sich krachend auf die Schenkel schlagen, bleibt der Schwabe mürrisch verschlossen, sagt nichts, oder wenn er lacht, dann zu spät und auch nur ganz verstohlen. So ein gängiges Vorurteil über die Schwaben.

Mit gängigen Vorurteilen sind die Schwaben reich gesegnet. Da sind zum einen mal die vielen Schwabenwitze:

Wie bekommt man fünf Schwaben in einen Smart? Man wirft einen 50-Euro-Schein rein und sagt: Wer als Erstes drin ist, be-

kommt ihn und darf ihn behalten. Wie bekommt man die fünf Schwaben aus dem Smart wieder raus? Man sagt, es sei ein Taxi und jeder müsste dafür selber zahlen.

Woran erkennt man, dass auf einem Kreuzfahrtschiff im Mittelmeer hauptsächlich Schwaben unter den Passagieren sind? Dem Schiff folgen keine Möwen.

Wie entstand der Grand Canyon in den USA? Ein ausgewanderter Schwabe hatte ein 10-Cent-Stück verloren.

Wer hat den Kupferdraht erfunden? Ein Schwabe! Beim Ausgeben eines 1-Cent-Stücks war er sich nicht sicher, ob er es auch wirklich ausgeben wollte, deshalb drehte er es immer wieder in den Fingern herum und war irgendwann sehr verblüfft: der Kupferdraht war da.

In ganz Deutschland kennt man die Geschichte von den Sieben Schwaben. Da zogen sieben schwäbische Helden aus, um ein Untier zu fangen. Am Schluss erwies es sich als ein Hase und vor dem nahmen sie Reißaus und ertranken alle in einem Fluss. Deutschland kennt diese Geschichte und lacht darüber. Nebenbei: zum ersten Mal wurde sie 1545 in einem Meisterlied von Hans Sachs in Nürnberg erwähnt.

Aber der Hintergrund ist ein ganz anderer. Im Mittelalter, jetzt spreche ich von der Zeit der Staufer, waren die Schwaben die Tapfersten unter den Deutschen. Das brachte den Vorteil und die Ehre mit sich, dass sie die Reichssturmfahne tragen durften. Diese wurde im Heiligen Römischen Reich Deutscher Nation in Markgröningen aufbewahrt. Die Geschichte hat natürlich noch einen kleinen Hintergrund. Wer in vorderster Front kämpfte, hatte automatisch auch die höchsten Verluste. Das waren auch wieder die Schwaben. Weil die anderen Deut-

schen mit so viel Ruhm und Tapferkeit nicht umgehen konnten, haben sie das Ganze einfach ins Lächerliche gezogen und so entstand im Mittelalter die Geschichte von den Sieben Schwaben. So war es auch im deutschen Theater bis ins 18. Jahrhundert hinein noch üblich: wenn man eine Witzfigur auf einer deutschen Theaterbühne abbilden wollte, ließ man einen Schwaben erscheinen. Den erkannte man sofort an seiner hirschledernen Hose, seinen großen Rohrstiefeln, dem blauen Wams und einer Dreieckskappe. Er musste noch nicht einmal den Mund aufmachen, um schwäbisch zu sprechen, schon lachte das ganze deutsche Theaterpublikum. So hatte die Komödie in Deutschland immer ihren Hanswurst und das waren immer die Schwaben.

Nun, das sind die Schwaben gewohnt. Aber nun ist es an der Zeit, der Sache selber einmal auf den Grund zu gehen. Wie sieht eigentlich das schwäbische Verhältnis zum Humor aus?

„Älles z'rick auf A'fang!"

[ɛlɐs tsuryk auf afang]

Wenn Schwaben tiefgründig werden, fangen sie bei Adam und Eva an

Um was geht es? Schauen wir also nach, was frühe Quellen über die Schwaben berichten. Und da entdecken wir im frühen Mittelalter – ich spreche jetzt vom 11. und 12. Jahrhundert – Texte. Texte, die natürlich verfasst wurden in einem Kloster, in diesem Fall in Sankt Gallen auf der schweizerischen Seite des Bodensees. Denn nur die Mönche waren damals in der Lage, zu schreiben. Und so waren unter den Mönchen auch die allerersten Historiker auf deutschem Boden. Sankt Gallen spielte sowieso eine große Rolle. Es war ein Hort der Gelehrsamkeit und die deutschen Kaiser schätzten es, das ging schon los bei Karl dem Großen oder, wie die Franzosen sagen, Charlemagne. Die Klöster spielten eine entscheidende Rolle, bei uns im Südwesten war das eben Sankt Gallen. Und so finden wir zwei Hinweise in alten Schriften aus diesen Zeiten. Der eine Hinweis lautet, die schönsten Frauen in Deutschland seien die Alemanninnen. Und im zweiten Hinweis heißt es, die Schwaben seien unter allen Deutschen das lebenslustigste Volk, noch lebenslustiger als die Rheinländer.

Eine solche Schrift lässt einen staunen. Nun gut. Viele, die mit einer Schwäbin verheiratet sind, können den ersten Satz bis heute unterschreiben, nämlich dass die Schwäbinnen die schönsten Frauen in ganz Deutschland sind. Aber beim zweiten

Satz gerät man doch ins Stocken. War denn der Mönch, der dies aufschrieb, betrunken? Die weitere Suche in weiteren Klöstern und deren Bibliotheken mag hier Aufklärung bringen. Und so finden wir in romanischen Klöstern auf der Reichenau den Hinweis, ja, das stimmt. Und die haben nicht von Sankt Gallen abgeschrieben, dass die Schwaben das lebenslustigste Volk in ganz Deutschland sind. Was war da los und warum hat sich das so gründlich geändert?

Auch spätere Hinweise sind bedeutsam. So können wir einen noch bei Goethe finden, der seinen Reineke Fuchs ausrufen lässt: „Komm auf, lass uns nach Schwaben ziehen, dort gibt es Essen und Trinken, Tanz und Spiel in Hülle und Fülle!" Nun wissen wir zwar, dass auch Goethe irren konnte, so hatte er et-

wa den Schwarzwald auf seiner Reise nach Italien als ein „schwäbisches Gebirge" bezeichnet. Aber dennoch, im 18. Jahrhundert war offensichtlich noch ein gewisses Wissen vorhanden, dass mit den Schwaben mal irgendetwas los war.

Also geht es darum, der Sache auf den Grund zu gehen, und wie immer, wenn ein Schwabe einer Sache auf den Grund geht, jedenfalls ein protestantischer Schwabe, dann schaut er nach in der Bibel. Er blättert in den allerersten Seiten, er kommt zum Schöpfungsbericht, er kommt zur Geschichte mit Adam und Eva und da stellt sich unwillkürlich die Frage: Waren Adam und Eva Schwaben?

Die Antwort ist definitiv: Nein. Denn ihr ganzes Verhalten war völlig unschwäbisch. Zum einen, weil Schwaben tagsüber niemals nackig herumlaufen würden. Zum zweiten, weil Schwaben sich nichts schenken lassen. Natürlich passiert es, dass man einem Schwaben etwas schenkt und er muss das Geschenk auch annehmen. Aber es ist ihm unangenehm. Denn es bringt ihn in einige Verlegenheiten. Erstens überlegt er sich: warum bekommt er das geschenkt? Und zweitens überlegt er sich: was bewegt den Schenkenden denn, ihm etwas zu schenken? Will der etwa etwas von ihm? Und außerdem nötigt es ihn, ihm bei passender Gelegenheit wiederum ein Geschenk zu machen. Das mag ein Schwabe natürlich gar nicht. Denn das bedeutet ja, dass er etwas hergeben muss, und das macht er nun wirklich nicht gern.

Es gibt aber auch noch einen dritten Grund warum Adam und Eva keine Schwaben waren. Ein Schwabe würde einen Apfel niemals essen, der würde einen Apfel mosten. Nebenbei gesagt: die ganze Geschichte klärt auch klipp und klar, dass die Chinesen auch nicht die ersten Menschen gewesen sein können. Adam und Eva waren keine Chinesen, denn die hätten nicht den Apfel gegessen, sondern die Schlange.

„Bei d'r Reformatio hats en Schlag doa!"

[bai dɐ refɔr'matsio:n hots en 'ʃlag dɔ]

Mit der Reformation wurde alles anders

Bleibt also nur der Blick in die neuere Geschichte. Hier muss man nun eine absolute Zäsur feststellen, sozusagen einen Wendepunkt in der schwäbischen Geschichte, und das ist die Reformation. Mit der Reformation und daraus folgend dem Pietismus hat sich in Schwaben, jedenfalls im protestantischen Schwaben, etwas Grundlegendes verändert. Dabei ist die Reformation in Schwaben nicht etwa vom Himmel gefallen. Historiker würden nun zu Recht die Rolle der Freien Reichsstädte betonen (ganz besonders Reutlingen und Augsburg). Zu Recht! Aber hier geht es jetzt nicht um reformatorische Erkenntnisse, sondern darum, was sich im Land getan hat, dass sich die Schwaben so veränderten. Hier spielt der württembergische Herzog Ulrich eine wichtige Rolle.

Wir schreiben das Jahr 1534. In Schwaben herrscht Herzog Ulrich und die Schwaben selber lassen wenig Gutes an ihrem Herzog Ulrich. Auch wenn die Historiker heute der Meinung sind, dass das historisch verbrämte Bild nicht ganz stimmen würde. Herzog Ulrich sei immerhin mit einer derjenigen gewesen, die dafür gesorgt haben, dass in Schwaben eine ordentliche Verwaltung aufgebaut und so die Grundlage für ein modernes Verwaltungswesen geschaffen wurde. Aber das Bild von Herzog Ulrich ist durch seine anderen Taten mehr als getrübt. Der Schwabe

21

denkt, dass außer, dass Herzog Ulrich 1534 nach der Schlacht bei Lauffen am Neckar die Reformation eingeführt hat, er eigentlich wenig Gutes geleistet hat. (Dieser Satz ist ein klassisches Beispiel für eine schwäbische Satzkonstruktion!)

Zum einen war er ein gewalttätiger, jähzornig aufbrausender Mensch, zum anderen dachte er, dass er das Gesetz sei und damit automatisch sein Wille grundsätzlich überall gelte, den er natürlich direkt von Gott hatte und er somit tun und lassen konnte, was er wollte. Da er eine sehr aufwendige Hofhaltung hatte, stürzte er das Land in eine tiefe finanzielle Krise, was ihn keineswegs belastete. Um aus dieser Krise wieder herauszukommen, verfälschte er die Gewichte, was im Prinzip einer indirekten Steuererhöhung – und zwar einer sehr massiven Steuererhöhung – gleichkam. So stand nun auf einem Kilostein zwar ein Kilo, in Wirklichkeit waren auf der Waage aber nur 700 Gramm, will heißen: Für den gleichen Preis bekam man nun statt einem Kilo Mehl nur 700 Gramm.

Die Remstäler haben es als Erste gemerkt und einer von ihnen, Peter Gaiß aus Beutelsbach, genannt „Gaißenpeter", dachte sich etwas aus, den Herzog des Betrugs zu überführen. Natürlich nicht vor Gericht, sondern indem er ihn lächerlich machte.

Am 2. Mai 1514 rief er die Leute auf, zu einem Gottesurteil nach Großheppach zu kommen. Er warf die neuen Gewichte des Herzogs in die Rems und erklärte, wenn die neuen Gewichte echt seien, würden sie oben schwimmen. Natürlich schwammen sie nicht oben. Der Herzog war düpiert, alle lachten. Es war ein allgemeiner Ausdruck dessen, was sowieso alle über den Herzog dachten.

Die Vögte des Herzogs forderten am anderen Tag die Steine zurück. Die aber lagen in der Rems. Der Gaißenpeter läutete nach der Aufforderung in der Kapelle Sturm, die Bauern strömten herbei und der Gaißenpeter erklärte ihnen, er sei der „Arme Konrad" – also ein einfacher Mann, der sich keinen Rat mehr wusste – „koin Rat". Und wieder lachten die Bauern und der Vogt verzog sich. Ausgelacht zu werden war für ihn schon der Beginn des Aufruhrs. Die Bauern nannten sich von Stund an „Armer Konrad", zogen vor Schorndorf und belagerten die Stadt.

Der Herzog nahm zwar die gefälschten Gewichte wieder zurück, aber der Aufstand verbreitete sich im ganzen Land. Denn die Bauern hatten mitbekommen, dass das Bürgertum, die sogenannte „Ehrbarkeit", nicht willens war, die Verbrauchssteuern des Herzogs zu bezahlen, gleichwohl aber mit dabei war, wenn es darum ging, alle Steuern auf die armen Bauern abzuwälzen, weshalb der Herzog erst auf den Trick mit den Gewichten verfallen war.

Der Herzog hat sich bitter gerächt und der Gaißenpeter und seine Gefolgsleute wurden hingerichtet. Die Bauern aber haben das nicht vergessen, und als es nicht besser wurde, sammelten sie sich zehn Jahre später unter der Fahne des „Bundschuhs" und der Bauernkrieg begann.

Auch seine Frau Sabina von Wittelsbach, eine Bayerin, konnte nicht viel Gutes an ihm finden. Er schlug sie regelmäßig, er hinterging sie natürlich auch, und als sie von all seinen Gewalttätigkeiten die Nase voll hatte, floh sie zu ihrem Vater an den Münchner Hof. Der war nicht weniger als der Herzog von Bayern und durchaus einflussreich. Außerdem hatte sie einen Patenonkel und das war rein zufällig Kaiser Maximilian in Wien.

Das Fass zum Überlaufen hatte eine Geschichte gebracht, die schon bald im gesamten Heiligen Römischen Reich Deutscher Nation herumerzählt wurde.

Klar, dass Herzog Ulrich bei all diesen ehelichen Schwierigkeiten, deren Verursacher er ja selber war, nicht gerne zu Hause bei seiner Frau war. Umso häufiger verkehrte er im Haus des Erbmarschalls Konrad Thumb von Neuburg. Der hatte eine sehr hübsche Tochter, Ursula, die er häufig besuchte. Als man darüber am Hofe zu Stuttgart tuschelte, wurde Ursula kurzerhand mit dem Freund des Herzogs, dem Stallmeister Hans von Hutten, verheiratet. Besuche machte der Herzog trotzdem. Offensichtlich hat Hans von Hutten dieses Verhältnis geduldet, vermutlich aus einem einfachen Grund, jedenfalls deutete er so etwas in einem Brief an: wäre er dagegen gewesen, wäre seine Karriere beendet.

Die Lage verschärfte sich jedoch dramatisch, als der Herzog seinem Freund Hans seine Liebe zu dessen Frau gestand und ihn um sein Einverständnis zu einer Dreierbeziehung bat. Sogar niedergekniet sei der Herzog dabei und habe seine Arme weit ausgebreitet. So hat es die Familie von Hutten erzählt. Der Herzog, dem das Erzählte natürlich zugetragen wurde, widersprach erbost und fühlte sich in seiner herzoglichen Ehre verletzt. Es kam erneut zu einer Aussprache. Der Herzog nannte von Hutten einen „treulosen, verräterischen Fleischbösewicht".

Nun erst bat Hans von Hutten um seine Entlassung. Diese bekam er nicht, sondern den Befehl, einen Tag später, am 7. Mai 1515, den Herzog zu einer Jagd in den Schönbuch zu begleiten. Hans von Hutten erschien nur mit einem Degen, der Herzog mit Schwert und einem Harnisch, also mit einem Leibpanzer. Tief im Wald hinter Holzgerlingen schickte der Herzog alle Untergebenen und Gäste weg, ging dann auf von Hutten los, jagte ihn und stieß mit dem Schwert zu. Unzählige Male stach er auf den Sterbenden ein. Dem Toten legte er seinen Gürtel um den Hals, rammte das Schwert in Boden und hängte den Toten symbolisch daran auf. So hielten es die Feme-Mörder im Mittelalter. Als der Tote gefunden wurde, erklärte der Herzog, dass er ihn vorsätzlich hingerichtet hätte. Denn von Hutten sei „treulos" gewesen und so etwas müsse gesühnt werden.

Damit aber löste er einiges aus. Seine Ehefrau Sabina floh noch im gleichen Jahr zu ihrem Vater, dem mächtigen Herzog von Bayern, nach München. Zumal sie hörte, dass ihr Mann das Gerücht verbreiten ließ, sie selbst hätte ein Verhältnis mit von Hutten gehabt. Das ging ihr gegen die Ehre.

Außerdem hatte Hans von Hutten einen Vetter, Ulrich von Hutten. Der war ein streitbarer Humanist, bekannt im ganzen Reich als Schriftsteller und Vertreter der Reichsritterschaft. Der machte nun mithilfe der neu entwickelten Buchdruckerkunst die Tat im ganzen Reich bekannt und rief den Kaiser immer wieder als obersten Richter an. Herzog Ulrich kam gewaltig unter Druck und wurde 1516 zum ersten Mal seiner Regentschaft enthoben. Der kaiserlichen „Acht" widersetzte er sich zwar erst noch und begann nun Württemberg mit Hochverratsprozessen zu terrorisieren. Er wütete als Despot, seine Kritiker, falls sie nicht fliehen konnten, landeten auf dem Schafott.

Schließlich wurde Herzog Ulrich aber doch aus Württemberg vertrieben, zog sich in die Schweiz zurück, lebte dann eine gewisse Zeit auf dem Hohentwiel und kam immer wieder inkognito in sein Herzogtum zurück.

Versteckt hat er sich zum Beispiel in der Bärenhöhle, was dann im 19. Jahrhundert einen jungen dynamischen Schriftsteller aus Württemberg auf die Idee brachte, diese ganze Lebensgeschichte des Herzogs in einen fantastischen Roman zu fassen. Es war niemand anders als Wilhelm Hauff, der den Roman „Lichtenstein" schrieb. Dieser Roman bewegte die Menschen derart, dass er in ganz Deutschland gelesen wurde, unzählige Neuauflagen erlebte und buchstäblich ein Bestseller des 19. Jahrhunderts wurde. Er bewegte auch Wilhelm Graf von Württemberg (den späteren Herzog von Urach), den Neffen des ersten württembergischen Königs Friedrich. Wilhelm erwarb Ruine und Forsthaus Lichtenstein von seinem königlichen Onkel, ließ das Forsthaus abreißen und genau an dessen Stelle das heutige Schloss Lichtenstein erbauen. Man kann mit Fug und Recht sagen, es ist das einzige Schloss der Welt, das nach einem Roman entstanden ist, und nicht ein Roman, der von einem Schloss handelt. Es ist ein schönes schwäbisches „Schlössle", sieht ein bisschen aus wie Neuschwanstein, allerdings in schwäbischer Bauweise, sprich: viel, viel kleiner und bescheidener Aber es ist alles vorhanden, was man sich im 19. Jahrhundert vorstellte, wie eine Burg aussehen müsste. Filmleute waren 2009 von dem kleinen Schloss so angetan, dass sie dort die Außenaufnahmen der Neuverfilmung des Märchens „Dornröschen" drehten. Da war der Lichtenstein wieder ein verzaubertes Schloss, dieses Mal mit Film-Dornen überwuchert.

„Eigentlich war d'r Herzich Ulrich en Lombasiach"

[aignliç va:ɐ dɐ hɛrtsix ulriç ɛn lɔmbasiax]

Die Schwaben hielten nichts von Herzog Ulrich

Herzog Ulrich hatte einen Sohn, den späteren Herzog Christoph, und der hatte Angst vor ihm. Er traute seinem Vater nicht, er war sogar der festen Überzeugung, dass sein Vater ihm nach seinem Leben trachten würde. Deshalb vermied er es, nachdem er einige Zeit am kaiserlichen Hof in Wien aufgezogen wurde, in die Nähe seines Vaters zu kommen, und wich auf dessen Besitzungen nach Mömpelgard, dem heute französischen Montbéliard aus. Und dort wartete er so lange, bis sein Vater tot war, und kam erst dann nach Württemberg zurück, um sein Erbe anzutreten. Also, das zeigt ganz deutlich, welchen Charakter dieser Herzog Ulrich hatte und dass auch seine nächsten Familienangehörige sich vor ihm in Acht nehmen mussten.

Herzog Ulrich, der 1519 aus seinem Land vertrieben worden war, versuchte immer wieder vergeblich, sein Land zurückzuerhalten. 1526 wandte er sich schließlich an Landgraf Philipp von Hessen. Der lud ihn zu sich ein und so nahm er 1529 am Marburger Religionsgespräch zwischen Luther und Zwingli als Zuhörer teil. Luther beeindruckte ihn.

Philipp von Hessen, gut protestantisch gesonnen, plante einen Feldzug gegen die Habsburger, die nun in Württemberg herrschten, also an seiner Südflanke. Da kam der König von Frankreich ins Spiel, dem an einer Schwächung der Habsburger gelegen war. Er erklärte sich bereit, den Krieg zu finanzieren, wollte allerdings Mömpelgard (Montbéliard) als Pfand. Denn dass dies württembergisch war, passte ihm natürlich auch nicht.

Herzog Ulrich ließ sich nach einigem Zögern darauf ein und der politische Fuchs Philipp von Hessen wartete auf einen günstigen Zeitpunkt zum Zuschlagen. 1534 war es so weit. Kaiser Karl V. weilte in Spanien und sein Bruder Ferdinand, der Statthalter in Württemberg, in Ungarn. Schließlich war er dort erst kurz zuvor König geworden. Also war quasi niemand da außer dem Pfalzgraf Philipp von Pfalz-Neuburg. Der aber hatte nichts zu sagen.

Und bald auch nichts mehr zu melden. Zwar wurde er, wie die gesamte habsburgische Herrschaft, von der württembergischen „Ehrbarkeit" unterstützt, genauso wie von den Prälaten. Denn die konnten bei den Österreichern mitregieren, während Ulrich nichts von ihnen wissen wollte. Ehrbarkeit und Prälaten riefen zugunsten der Österreicher das „Landesaufgebot" ein, widerwillig leisteten die Soldaten Gehorsam und rückten mit den Österreichern aus, als Landgraf Philipp von Hessen von Norden her einmarschierte.

Die Schlacht war relativ bald entschieden. Die Württemberger standen oben am Berghang, die mit Panzerkleidern schwer bewaffneten Österreicher und ihre lustlosen württembergischen Zwangsrekrutierten mussten am Neckar entlang durch Sumpfgebiet waten, was sie ordentlich hemmte. Es ist immer ziemlich schwierig, von unten nach oben zu stürmen, viel leichter ist es von oben nach unten. Die Schlacht ging dann so aus, dass die Württemberger kaum Verluste hatten und die Österreicher

buchstäblich im Dreck und Schlamm stecken blieben. Und damit war Ulrich wieder an der Macht und konnte die Reformation problemlos durchführen.

Dazu hatte er auch einen ganz besonderen Plan. Er hatte nämlich den Schwäbisch Hallern ihren Reformator Johannes Brenz abspenstig gemacht (was nicht schwer war: der Haller Rat hatte wenig Lust, die Vorstellungen des Reformators über Kirchenzucht und Sittlichkeit in ihrer Stadt Wirklichkeit werden zu lassen), sich mit Brenz verbündet und ihn eingeladen, seine württembergischen Lande im lutherischen Sinn zu reformieren. Und das taten die beiden dann auch. Die „Ehrbarkeit" war dagegen, das Volk dafür. So wurde am 16. Mai 1534 in der Stuttgarter Stiftskirche der erste evangelische Gottesdienst in Württemberg gehalten.

„D'r Herzich Christoph isch en Sega' g'wä fürs Ländle"

[de hɛrtsix kristof iʃɛn zeːgn gvɛ fyːɐs lɛndlɛ]

Herzog Christoph war ein Glücksfall für das Land

Die eigentliche Reformation des Landes wurde dann hauptsächlich von Johannes Brenz und dem Nachfolger von Herzog Ulrich, Herzog Christoph, durchgeführt. Wenn die Schwaben ihre Herrscher anschauen, dann müssen sie heute feststellen, dass es nur wenige darunter gab, die man schwäbisch als „rechte Kerle" hätte bezeichnen können. Doch Herzog Christoph gehört auf jeden Fall dazu. Mit Johannes Brenz verband ihn sehr viel. Es war mehr als Achtung, es war auch mehr als eine gute Zusammenarbeit, es war so etwas, was wir heute eine echte Freundschaft nennen würden. Obwohl natürlich in der damaligen Zeit auf die Unterschiede im gesellschaftlichen Stand doch sehr geachtet wurde.

Jedenfalls führten sie gemeinsam die Reformation durch. Das hatte schon unter Herzog Ulrich bedeutet, dass die katholische Kirche komplett enteignet wurde. Das war nicht wenig. Die katholische Kirche war neben dem Herzog die größte Grundbesitzerin im Land. Unzählige Klöster, Pfründe, Häuser, Einrichtungen, Wiesen, Wälder, Weinberge, Fischteiche – alles gehörte ihr. Das ging nun alles in den Besitz des Staates über. Und weil er pleite war, kassierte Herzog Ulrich das Ganze zunächst einmal selber ein. Sein Sohn Christoph aber hat es wieder vom Staats- und Herzogbesitz getrennt und daraus eine Stiftung gemacht.

Des Weiteren machten die beiden etwas, was alle Reformatoren machten: sie wollten die Sittsamkeit der Menschen vergrößern und führten daraufhin sogenannte Ordnungen ein. Die Ordnungen bestanden zunächst einmal in Verboten. Die beiden haben die Bordelle geschlossen – und das waren nicht wenige im Lande. Sie haben die öffentlichen Badeanstalten geschlossen. Die waren in der Regel auch nichts anderes als Bordelle. Darüber hinaus haben sie die unzähligen Wirtshäuser reglementiert, Schanklizenzen und Öffnungszeiten eingeführt. All das griff mehr oder weniger gut und wurde auch von vielen Menschen durchaus anerkannt. So war zum Beispiel das Frauenkloster in Kirchheim unter Teck berüchtigt als eines der größten „Lusthäuser" im ganzen Land Württemberg. Natürlich hat man danach jahrhundertelang, unter anderem auch in der katholischen Gegenreformation, behauptet, dass dies eine üble evangelische Verleumdung vonseiten der Reformation sei. Als man aber um 1890 bei einer Neuanlage des Geländes im ehemaligen katholischen Frauenkloster in Kirchheim unter Teck den Boden aushob, entdeckte man die alten Brunnen und in diesen Brunnen fand man unzählige Säuglingsskelette. So hat die Archäologie mit ihren Grabungsmethoden doch manches nachgewiesen, was in der Reformation als Unsitte beschrieben worden ist.

„*So, jetzt wird g'lernt – g'lesa ond g'schrieba ond g'rechnet*"

[zo:, jɛtst virt glɛza ont gʃri:ba ont grexnt]

Die Reformer schufen eine Schulstiftung

Zurück zur Enteignung. Johannes Brenz und Herzog Christoph waren durchdrungen von der Idee, das Land auf eine christliche und sittsame Basis zu stellen. Deshalb machten sie etwas, was durchaus nicht selbstverständlich war und überall in Deutschland für Aufmerksamkeit sorgte. Sie ließen es zwar bei der kompletten Enteignung des katholischen Kirchengutes, die schon Herzog Ulrich durchgeführt hatte. Der Reichtum musste aber nun nicht mehr zur Schuldentilgung des Herrschers herhalten – vielmehr schufen die beiden eine eigene Kasse in Form einer Stiftung, so festgelegt 1559 in der großen evangelischen Kirchenordnung von Württemberg. Was hier in den sogenannten „Kirchenkasten" eingelegt wurde, diente der zentralen Besoldung der Pfarrer, der Finanzierung des Armenwesens und eben einer Schulstiftung.

Denn die Reformatoren hatten das Problem, dass, indem alle Klöster wegfielen, natürlich auch die Möglichkeiten der Bettelei und die Versorgung von Alten, Armen und Kranken wegfielen. Das war nun Aufgabe der weltlichen Gemeinden, genauer gesagt, der Kirchengemeinden. Der Kirchenpfleger, also der Finanzverwalter der Kirchengemeinde, hatte nun für sie zu sorgen, und weil er sozusagen der finanziellen Verwaltung der ehemaligen Pfründe vorstand, die während der katholischen Zeit in der Regel einem Heiligen gewidmet waren, war er nun der „Heiligenpfleger". Nun mussten die evangelischen Kirchengemeinden die Armen und Alten versorgen und finanzieren. Nebenbei gesagt: das hat man in Württemberg dann auch relativ schnell durchorganisiert. So waren ja die Alten und Armen, die nichts hatten, im Dorf bekannt. Und die bekamen vom Heiligenpfleger Blechmarken. Diese hatten sie am Rockkragen zu tragen, sodass ersichtlich war, wer Anspruch hatte auf Unterstützung und wer nicht. Die Schwaben nannten dieses Abzeichen „Heiligs Blechle". Spätere Zeitgenossen haben den Begriff „Heiligs Blechle" dann auf schwäbische Automarken übertragen.

Unsere beiden Helden haben als Kernpunkt der Reform eines getan: eine Schulstiftung gegründet, sprich, sie haben alle württembergischen Klöster, derer sie habhaft werden konnten, in kirchliche und schulische Internate umgewandelt. Mit der großen württembergischen Kirchenordnung von 1559 bekam jeder württembergische Pfarrer und Lehrer außerdem die Aufgabe, die Besten unter ihren Schülern und Schülerinnen herauszufinden und auf Landeskosten in diese Internate zu stecken. Sie hatten also die „Käpsele" herauszusuchen, die dann gefördert wurden, und zwar, wie es in einem Dekret damals hieß, „ohn' Ansehen der Person, des Standes und des Geldbeutels". Das kam einer Revolution gleich. Denn nun ging es darum, wirklich die „Käpsele" zu finden und landeskirchlich auszubilden. So wurde 1559 der Grundstein dafür gelegt, dass jeder Schwabe auf Deutsch lesen, rechnen und schreiben konnte.

Übrigens: „Käpsele" – das ist auch so ein Wort. Es geht bis auf die Römerzeit zurück. „caput" heißt Haupt. Im Rheinland spricht man vom „Kappes", aus dem Französischen und dem Italienischen kommt der Begriff „Capo". Also der Chef. Oder

einfacher gesagt: der hervorsteht oder was eben hervorsteht. So spielten die kleinen Schwaben noch bis in die 1960er-Jahre mit „Käpseles-Pistolen". Gemeint waren Revolver mit Zündplättchen aus Schwarzpulver, auf einer roten Papierrolle hintereinander aufgereiht. Die Zündplättchen standen hervor, waren also „Käpsele". Heute gibt es Kapseln für den Kaffeeautomaten. In Schwaben meint das Wort immer noch einen intelligent herausragenden Menschen – ein „Käpsele halt".

Man muss allerdings einschränken: theoretisch galt die Schulpflicht auch für die schwäbischen Mädchen, praktisch aber nicht, weil die schwäbischen Väter ihre Töchter nicht auf die Schulen schickten. Das hat sich erst nach dem Dreißigjährigen Krieg ab 1648 geändert, weil die schwäbischen Väter dann streng bestraft wurden, und zwar mit Geldstrafen, wenn sie ihre Mädchen nicht in die Schulen schickten. Bis dahin galten die allgemeinen Argumente, erstens: zu Hause gibt's genug Arbeit und deshalb kannst du nicht in die Schule, und zweitens: was soll das Ganze, du heiratest ja sowieso.

Das muss man sich mal auf der Zunge zergehen lassen. Die Schwaben hatten bereits 1559 die Bedeutung der Bildung erkannt. Zuerst gab es eine Empfehlung, später dann eine Verpflichtung zur Schule und damit verbunden ein überall stattfindendes Heraussuchen der „Käpsele". Das ging sogar noch über die Schule hinaus. Das ehemalige Augustinerkloster in Tübingen wurde vom Herzog ebenfalls mit Stipendien versehen und eingerichtet. Nun wurden all diejenigen, die sich in den Internaten besonders hervorgetan hatten, eingeladen, an einem landesweiten Wettstreit teilzunehmen, und die Besten daraus wurden auf Staatskosten an die Universität entsandt, um dort akademisch ausgebildet zu werden. Das waren die Stiftler im Evangelischen Stift zu Tübingen. Sie sind es heute noch. Allerdings nur noch mit den Studienfächern Theologie und Pädagogik. Früher umfasste das Studium dort auch ein allgemeines geistes- und naturwissenschaftliches Grundstudium.

So ist es zu erklären, dass aus der Stuttgarter Wengerterfamilie Hegel der spätere Staatsphilosoph von Preußen und Deutschland werden konnte. So wie dem ging es noch vielen Söhnen von Weingärtnern aus dem ärmsten Quartier des ganzen Stuttgarter Stadtgebiets, nämlich aus dem Bohnenviertel. Da wohnten die Wengerter. Bohnenviertel deshalb, weil die Leute als tägliches Essen nichts anderes hatten, als Linsen, Erbsen und Bohnen. So heißt das Viertel in Stuttgart übrigens noch heute. Dieser ärmste Teil von Stuttgart war nach dem Dreißigjährigen Krieg nur von Weingärtnern bewohnt. Karrieren wie die von Hegel gab es immer wieder in Württemberg. Genauer gesagt, solche Karrieren starteten in Württemberg. Die eigentliche Karriere machte man dann im Ausland, denn zu Hause galt das Alte Testament: „Der Prophet gilt nichts in seinem Land." Aus vielen Schwaben wurde erst im Ausland etwas. Hier im „Ländle" hatten sie nur eine Startchance.

Anzumerken ist noch einmal, dass das 1559 begann. In der allgemeinen deutschen Geschichte ist es üblich, den Soldatenkönig Friedrich Wilhelm I. von Preußen dafür zu loben, dass er 1717 die allgemeine Schulpflicht in Preußen einführte und später als Lehrer seine nach den Kriegen übrigen alten Feldwebel verwandte. Nun, damals war Pädagogik noch ein Handwerk und so sah die Pädagogik in Preußen dann auch aus. Kein Mensch aber denkt daran, dass 150 Jahre vorher bereits die Schwaben, jedenfalls die evangelischen Schwaben, einen absoluten Bildungsvorsprung hatten. Schwaben konnten lesen, rechnen und schreiben! Nebenbei: die katholischen Schwaben bekamen erst 1774 die Schulpflicht. Die Kaiserin Maria Theresia führte sie da in Österreich ein. Damit galt sie auch in den vorderösterreichischen Gebieten – beginnend in Rottenburg.

„Au'basst! Bald knallts!"

[aubast! balt knaltz]

Wir rühren einen schwäbischen Sprengstoff an

Um die schwäbische Mentalität zu erklären, muss man die-sen tiefen Blick in die historischen Wurzeln tun. Daraus entsteht dann ein besonderer – nennen wir ihn mal so – „schwäbischer Sprengstoff". Der besteht insgesamt aus drei Tei-len. Und was ich jetzt gerade beschrieben habe, ist nichts ande-res als der erste Teil dieses besonderen schwäbischen Spreng-stoffes. Es ist die Bildung. Einhundertfünfzig Jahre vor Preußen entsteht so eine Elite, aber eben nicht durch Stand, Herkunft oder Geldbeutel, sondern allein durch Wissen. Hier entsteht et-was, was sich in den späteren Jahrhunderten auswirken wird. Man konnte lesen, schreiben, man konnte sich austauschen. Man konnte das, was man sich überlegte, in Zahlen übertragen, man konnte es ausrechnen, man konnte es verwerfen. Man konnte mit anderen darüber reden, seine Ideen austauschen, man konnte kommunizieren. Moderne Arbeit ist Kommunika-tion. Und das begann in Schwaben 150 Jahren, bevor es anders-wo begann. Das gehört als wesentlicher Teil zu diesem schwäbi-schen Sprengstoff.

„Hondert Prozent Gerechtigkeit isch Bledsinn!"

['hondɐt pro'tsɛnt gə'rɛçtikait iʃ blɛtzin]

Hundert Prozent gerecht wollten sie sein – und machten alles falsch

Dieses geniale Paar, Johannes Brenz und Herzog Christoph, fiel aber noch durch etwas anderes auf. In ihrem Willen, das christliche Leben der Untertanen zu prägen, wollten sie gerecht sein. Sie wollten sogar sehr gerecht sein. Und dabei zeigte sich: wer sehr gerecht sein will, wer es also zu hundert Prozent richtig machen möchte, macht manchmal auch den größten Blödsinn. Was taten sie? Sie beschlossen, das bis dahin vorhandene alte alemannische Erbrecht in Gesetzesform zu gießen.

Überall in Deutschland war es üblich, dass im Erbfall entweder der älteste oder der jüngste Sohn alles erhielt. Die anderen Geschwister standen nun vor der Wahl, entweder auf dem Hof zu bleiben, dann allerdings nur als Knecht oder Magd. Dann wurden sie lebenslang versorgt, mussten allerdings versprechen und wurden dazu verpflichtet, nicht zu heiraten. Das erklärte die Zahl der vielen unehelichen Geburten in Württemberg.

Oder aber sie gingen zum Militär. Das hieß in Württemberg, dass man in den Norden zog. Besonders der Hannoveraner Georg, der ja zugleich König von England war, hatte immer einen großen Bedarf an Soldaten, die er in seine neuen Kolonien schickte. Daher stammt der berühmte Satz: „Auf! Ab nach Kassel." Denn in Kassel wurden die verkauften Soldaten zusam-

39

mengezogen. Nebenbei gesagt: aufseiten König Georgs kämpften zunächst jede Menge Schwaben gegen die Truppen von George Washington im amerikanischen Unabhängigkeitskrieg. Das Dumme war nur, dass George Washington nicht nur auf einen preußischen General Steuben zurückgreifen konnte, sondern auch auf einige übergelaufene schwäbische Regimenter. So standen an den Fronten des amerikanischen Unabhängigkeitskrieges Schwaben unter britischer Flagge und in britischer Uniform anderen Schwaben unter amerikanischer Flagge und in amerikanischer Uniform gegenüber. Wenn sie sich nachts auf Posten in Rufweite befanden, konnten sie sich problemlos auf schwäbisch unterhalten. Das führte dazu, dass immer mehr Schwaben desertierten und mit George Washington zusammen für die USA die Unabhängigkeit errangen. Übrigens: das berühmteste Bild des Unabhängigkeitskrieges wurde ebenfalls von einem Schwaben gemalt: George Washington steht bei der

Überquerung des Delaware-Flusses im Boot, hinter ihm weht die US-Flagge und alle rudern dem Sieg entgegen – der aus Schwäbisch Gmünd stammende Emanuel Leutze hat es gemalt. Es zählt zu den Ikonen US-amerikanischer Geschichtsmalerei.

Die dritte Möglichkeit für die nichterbenden Kinder bestand allerdings nur bis zur Reformation: ab ins Kloster. Das ging aber nur bei den Katholiken.

Diese Form der Erbfolge war in Deutschland überall üblich. Das erklärt die wunderbaren großen Höfe, die wir vom Alten Land in Norddeutschland in der Nähe von Hamburg bis hinunter zu den großen Höfen in Oberschwaben und im Allgäu entdecken. Auch die Vogtsbauernhöfe im Schwarzwald, die man dort heute noch im Freilichtmuseum bewundern kann, sind nichts anderes als das Ergebnis dieses allgemeinen Erbrechts.

„Jeder ond jede kriagts Gleiche!"

[je:dɐ ont je:də krigts glaiçɛ]

Das gute alte Recht – in diesem Fall das Realerbteilrecht

Nicht so in Württemberg. Da erinnerte man sich noch an eine alte alemannische Tradition. Einst hatten ein Vater und eine Mutter zusammen acht Kinder, vier Jungs und vier Mädels. Als die Eltern gestorben waren, wurde alles, aber auch wirklich alles, genau durch acht geteilt. Die Kinder waren gleichberechtigt, auch Mädchen und Jungs bekamen exakt das Gleiche. Einst war das Tradition. Das konnte man so machen, musste es aber nicht. Nun wurde es Gesetz. Genau dieses gerechte Erben schrieben nun, gerecht zwar, aber blödsinnig, Herzog Christoph und Johannes Brenz in württembergischen Gesetzen fest. Das Ergebnis konnte man nach spätestens fünf Generationen überall bewundern. Da durch fünf Generationen jedes Mal alles gerecht geteilt wurde, sah das Land dann auch entsprechend aus. Ein schwäbischer Acker, 15 m lang, war maximal so breit wie ein Handtuch – mehr war nicht übrig. Und lag dieser Acker auf der Schwäbischen Alb oben, dann war er auch noch übersät mit Tausenden von Steinen, die jedes Jahr neu nachdrückten. Ergebnis also: eine absolute Zerstückelung des Bodens im Land, und das kann man heute noch sehen. Dadurch war es nicht möglich, groß zu wirtschaften. Das Land ernährte kaum noch seine Bewohner. Kam es zu Missernten, waren die Katastrophen im Lande buchstäblich vorherbestimmt.

Württemberg besaß keine Bodenschätze. Es gab ein bisschen Eisenerz in Wasseralfingen bei Aalen, das reichte gerade dazu, den wohlhabenden Württembergern eine entsprechende Ofenkachel aus Gusseisen herzustellen. Für mehr reichte es nicht.

Die großen Salzaufkommen wurden erst unter König Friedrich entdeckt. Die Salzstadt Bad Friedrichshall wurde nach ihm benannt. Vor der Zeit des ersten Königs wusste in Württemberg kein Mensch, auf wie vielen Millionen Tonnen Salz man da eigentlich saß.

Sonst gab es nichts. Württemberg war ein bettelarmes Agrarland. Wenn es nun einmal über 10 bis 20 Jahre keinen Krieg gab, wuchs automatisch die Bevölkerung, aber das Land gab trotzdem nicht mehr her. Es gab wenig zu essen.

„Nemm' Bretter, nagl' se zamme zon'ra Schachtel – ond nix wia Donau na'"

[nem brɛt, naːglʼ se zam zonra ʃaxtl – ont niks via ʼdoːau naː]

Ab Ulm ging es mit dem Schiff ins „Gelobte Land"

D a blieb den Schwaben nur noch das Auswandern. Und so sind die Schwaben über Jahrhunderte hinweg losgezogen. Im 18. Jahrhundert zogen sie die Donau hinab. Die österreichische Kaiserin Maria Theresia hatte große Sumpfgebiete – Banat und Batschka genannt. Sie rief die Schwaben auf, dieses Land urbar zu machen und zu besiedeln. Also zogen die Schwaben los. Bis nach Ulm ging es zu Fuß. Dort wurden Holzbretter zusammengenagelt zu den sogenannten „Ulmer Schachteln". So nannte man die Boote und mit denen fuhr man die Donau hi-

nunter. Ein Zurück gab es nicht und das war auch nicht vorgesehen. Deshalb wurden die Boote am Bestimmungsort auseinandergenommen und mit diesen Holzbrettern wurden gleich die allerersten Häuser gebaut.

Das Angebot von Kaiserin Maria Theresia war mehr als verlockend: Zehn Jahre Religionsfreiheit bekommt ihr, wenn ihr kommt. Zehn Jahre Steuerfreiheit gleich mit dazu. Um die Mütter zu überzeugen, gab es noch zehn Jahre Militärfreiheit dazu. Das wirkte. Es waren die Ehefrauen und Mütter, die ihren Männern noch den letzten Schub gaben und sagten: „Komm, wir brechen auf!" Wenn damals ein 18-jähriger Sohn in die Armee eingezogen wurde, war allen Beteiligten klar, dass dies ein Abschied auf immer war. Denn wer zum Militär kam, wer eingezogen wurde, kam in der Regel nicht mehr zurück, nicht einmal als Krüppel. So hieß es beim Abschiednehmen der Rekruten immer auch Abschiednehmen voneinander für den Rest des Lebens. Die Soldaten kamen in den Kriegen um oder wurden mit ihren Regimentern verkauft. Das geschah bis in das 19. Jahrhundert hinein, als König Friedrich seine Königswürde unter anderem dem Umstand verdankte, dass er Rechtsansprüche auf Frankreich aufgab und zugleich die napoleonische Armee mit aufrüstete. Er stellte Napoleon für den Russlandfeldzug 1812 15 000 Soldaten zur Verfügung. Allen war klar, was das bedeutete. Es war kein Wunder, dass nach dem Winter 1812 mit dem Brand von Moskau beim Rückmarsch über den Fluss Beresina die meisten erfroren und verhungerten. Von den 15 000 Schwaben kamen nur noch 150 zurück. Große Verluste waren üblich, aber diese Zahl war doch ein Schock. So etwas hatten die ausgewanderten Mütter geahnt. Die Geschichte gab ihnen recht.

So besiedelten die Schwaben im 18. Jahrhundert die Batschka und das Banat. Und so 50 Jahre später hat es die russische Zarin

Katharina die Große, nebenbei gesagt eine Prinzessin von Anhalt-Zerbst, genauso gehalten. Sie lud mit den gleichen Argumenten ein, ihr Land zu besiedeln: zehn Jahre Religionsfreiheit, zehn Jahre Steuerfreiheit, zehn Jahre Militärfreiheit und dazu noch das Recht, in geschlossenen Siedlungsgebieten zu wohnen. Kirchen und Schulen durften gebaut und die schwäbische Sprache gesprochen werden. So brachen die Schwaben wieder auf und zogen die Donau hinunter. Der Hunger trieb sie zusätzlich aus dem Land. Nun aber hieß das Siedlungsgebiet Bessarabien. Das war viel weiter die Donau hinunter, ist heute die Republik Moldawien und umfasst auch die Krim. Dort siedelten die Schwaben bis 1941 in eigenen Ortschaften. Dann kam Stalin auf die Idee, dass die dort siedelnden Schwaben ja Hitlers Fünfte Kolonne sein und die Deutsche Wehrmacht auf ihrem Vormarsch unterstützen könnten. So wurden sie weit in den Osten vertrieben und nach Usbekistan und Tadschikistan verschleppt. In den letzten Jahren sind sie wieder zurückgekommen nach Baden-Württemberg, die Schwaben, die einst von dort auszogen.

Auch das 19. Jahrhundert war gekennzeichnet durch Auswanderungen, nur ging es nun nicht mehr die Donau hinunter, sondern ins Gelobte Land über den Großen Teich. Die Schwaben zogen zu Tausenden nach Amerika. Für die Zeit von 1820 bis zur Reichsgründung 1870 liegen uns Zahlen vor. Württemberg hatte damals fast 6 Millionen Einwohner. Eine Million Schwaben sind zwischen 1820 und 1870 in die USA ausgewandert. Das bedeutet, dass Württemberg zwischen 1820 und 1870 20 Prozent seiner Bevölkerung verloren hat. Es waren Wirtschaftsflüchtlinge. Wer heute über Wirtschaftsflüchtlinge lästert, der sollte daran denken, dass vielleicht seine ausgewanderten Verwandten im 19. Jahrhundert genau das waren. Aus der Not heraus ausgewandert – Wirtschaftsflüchtlinge eben!

„Wia g'sait: Glei' knallts!"

['vi: gsait: glai knalts]

Der zweite Teil des schwäbischen Sprengstoffs: bittere Armut

Damit rühren wir den zweiten Teil des „Schwäbischen Sprengstoffs" an. Zuerst hatten wir die Bildung. Nun die bittere Armut.

Selbst wenn man Tag und Nacht arbeitet, man kommt zu nichts, der Boden gibt es nicht her. Eine Missernte folgt auf die andere, es ist zum Verhungern. 1815, 1816 waren die Missernten so groß, dass die Mütter Sägemehl verwenden mussten, um Brot zu backen, um ihre Kinder satt zu kriegen. Der Nährwert war gleich null, aber man hatte wenigstens etwas im Bauch. Nun haben wir zwei Pole: sehr gut ausgebildet und extrem arm. Da entsteht eine Spannung, wie zwischen den beiden Polen einer Batterie. Denn über diese Armut kann ich mich austauschen. Ich kann nachfragen, wie andere mit Armut umgehen. Ich kann mir Modelle überlegen, wie ich die Armut überwinde. Ich kann Utopien entwickeln, wie man zusammenleben könnte, um nicht mehr arm zu sein. Ich kann rechnen, das heißt, ich kann bei all diesen Ideen auch ausrechnen, ob es etwas bringt oder ob es nichts bringt. All dies zusammen formt sich jetzt zum Sprengstoff. Aber der ist noch nicht fertig.

„Ond jetzt endlich knallts!"

[ont jɛtst ɛntliç knalts]

Der dritte Teil des schwäbischen Sprengstoffs: totale Überwachung

All das erklärt noch nicht, wie es zu dieser besonderen schwäbischen Mentalität, und daraus zwingend folgend, zur besonderen Form des schwäbischen Humors gekommen ist. Dazu bedarf es nun noch eines dritten Teils. Und das zusammen macht dann den Sprengstoff der schwäbisch-protestantischen Mentalität aus.

Im 16. Jahrhundert kam die Reformation. Diese verfestigte sich, die Strukturen im Land verfestigten sich. So wandelte sich in ganz Deutschland die Reformation: einst sehr beweglich, erstarrte sie nun in Dogmen. So auch das Land. Württemberg ganz besonders. Denn nun versuchte man alles zu regeln. Das war die Zeit der lutherischen Orthodoxie. So wurde aus Württemberg das „Lutherische Spanien". In der Zeit des Kaiserreichs gab es einen Spruch, der das Beschriebene widerspiegelte: „Die Gesetze in Deutschland werden in Preußen zu 100 Prozent gemacht. In Baden werden sie zu 100 Prozent umgesetzt, in Bayern zu 100 Prozent ignoriert und in Württemberg zu 150 Prozent vervollständigt."

Exkurs: Zwar gab es überall immer auch Widerstand und dieser Widerstand in Württemberg ging dahin, dass man versuchte, die Erkenntnisse, die man durch die Reformation über das neue Menschenbild gewann, auch in die Tat umzusetzen. Diese Reformbewegung führte dazu, dass die Persönlichkeit des Menschen entdeckt wurde. Sozusagen das „Ich". Dass der Mensch eine eigene Person wurde, herausstach aus der Masse, zum Individuum sich entwickelte. Dieses Individuum entwickelte sich nicht nur so dahin, nein, es konnte auch entwickelt werden, und so entstand im Prinzip die Pädagogik, die davon ausging, dass der Mensch eine Art Rohmasse darstellt, die aber geformt werden kann. Diese Entdeckungen waren im 16. Jahrhundert angelegt und begannen langsam zu greifen. Geistesgeschichtlich fassen wir das zusammen in den Begriffen der Aufklärung und des Pietismus. Am Anfang bildeten diese Erkenntnisse noch eine Einheit. Das entwickelte sich erst mit der Zeit auseinander. Dann aber ganz schnell. Der ursprüngliche Pietismus blieb beim Individuum stecken, ging also über die Person nicht hinaus. Die Aufklärung übertrug ihre Erkenntnisse schon frühzeitig auch auf gesellschaftliche und dann auf politische Verhältnisse. Kurz: der Pietist sang „Hindurch, hindurch durchs irdisch Jammertal", der Aufklärer die Marseillaise. Doch selbst im Pietismus ging es darum, dass der einzelne Mensch entdeckt wurde, dass das eigene Ich entdeckt wurde und hervorgehoben wurde als ein „Ich", das eigenständig, für sich verantwortlich, entscheiden kann. Dem einzelnen Menschen wurde zugestanden, selbst über sein Leben und damit auch über sein Verhältnis zu Gott entscheiden zu können. So kam natürlich auch die Idee auf, zu sagen: wie lebe ich denn den christlichen Glauben? Denn der christliche Glaube ist mehr als das, was in den Dogmen und in den Bekenntnisschriften steht. Der christliche Glaube muss in das eigene Leben übernommen werden und muss das eigene Leben prägen. Wie sieht so ein christlich geprägtes Leben aus? Die Antwort war nicht nur die Idee von einzelnen Pfarrern und einzelnen Gemeindemitgliedern. Denn die konnten lesen und schreiben und tauschten sich infolgedessen in Briefen mit Gleichgesinnten auf der ganzen Welt aus. Auch von der Heiligen Schrift hatten sie ein eigenes Bild und machten sich daher eigene Gedanken über ihr Glaubensleben.

In Württemberg ging solches Denken auch auf das Herrscherhaus über, und so haben wir zwei Herrscher, Herzog Ludwig (1554 bis 1593) und Herzog Friedrich (1557 bis 1608), die sich Gedanken darüber machten, wie man das tägliche Leben christlich gestalten kann. Oder ganz einfach ausgedrückt: wie organisiert man ein christliches Leben so, dass das, was am Sonntag als richtig von der Kanzel herunter verkündigt wurde, am Montag von jedermann in die Tat umgesetzt werden konnte? Immer, wenn sich Obrigkeiten mit solchen Ideen beschäftigen, kommen Gesetze dabei raus. Das spätere reformatorische Zeitalter und das beginnende 17. Jahrhundert waren davon geprägt, dass man Gesetze erließ, die das tägliche Leben regelten.

Da wurde zum Beispiel geregelt, wann geheiratet werden durfte: nämlich dienstags und freitags. Wie eine solche Hochzeit auszusehen hatte: nicht vor 20 Uhr darf getanzt werden und ab 22 Uhr ist das Tanzen wieder verboten. Nur eine bestimmte Anzahl von Gästen durfte eingeladen werden. Die Anzahl richtete sich nach Vermögen und Stand. In Württemberg waren das bei einer bäuerlichen Hochzeit einfacher Leute nur acht Paare. Dennoch kam das ganze Dorf zusammen, aber nur acht Paare durfte man einladen, was zur Folge hatte, dass der Rest des Dorfes dann das Essen und Trinken bei der Hochzeit selber bezahlen musste. In der Volkstradition hat sich vieles davon erhalten, auch nachdem diese Gesetze längst ihre Gültigkeit verloren hatten. So erinnere ich mich noch daran, dass ich als kleiner Junge mit meiner Familie auf eine Hochzeit auf der Schwäbischen Alb eingeladen war und zu meiner großen Überraschung mein Vater, als wir uns von der Hochzeit wieder verabschiedeten und

nach Hause gingen, unsere Rechnung selber bezahlen musste.
So lange haben sich diese Traditionen gehalten.

Diese Gesetze griffen auch in das alltägliche Leben ein. So waren zum Beispiel in Württemberg per Gesetz den Frauen nur drei Farben zu tragen erlaubt. Schwarz, weiß und grau. Jegliche andere Farbe war verboten. Ich bin im Besitz des Hochzeitsbildes meiner Großeltern von 1902. Ich war als kleiner Junge völlig verblüfft darüber, dass meine Oma als Braut in einem schwarzen Gewand auf diesem Hochzeitsbild abgebildet ist. Damals fragte ich meine Tanten: „Warum ist die Oma so traurig, das ist doch ihre Hochzeit?" Die Tanten verstanden die Frage nicht, denn für sie war noch klar, dass in Schwarz geheiratet wird. Das weiße Brautkleid kam übrigens erst in den 20er-Jahren so langsam in Mode. Zunächst in Stuttgart und in anderen Städten und dann so ganz langsam ab den 50er-Jahren sogar auf

dem Land. Diese Entwicklung wurde durch amerikanische Hollywoodfilme noch begünstigt. Man sah diese Vorbilder und dann wandelte sich auch die Hochzeitsmode.

Per Gesetz war zum Beispiel außerdem exakt vorgeschrieben, dass jede Frau ihre Kleidung in Württemberg zu schützen hatte durch eine Schürze – einen „Schurz". So wurde unterschieden zwischen einem „Wertich-Schurz" und einem „Sonndigs-Schurz". Also einem für den Werktag und einem für den Sonntag. Dieser Schurz war, auch das war Gesetz, bei einer verheirateten Frau rechts zu binden und bei einer nicht verheirateten Frau links zu binden. An diesem Gebinde hingen auch der Hausschlüssel und die Geldbörse (über Hausschlüssel und Haushaltsgeld hatten in Schwaben schon immer die Frauen das Sagen). Dieses Gesetz gibt es schon lange nicht mehr, aber bis heute ist es bei Trachten noch Tradition, dass eine verheiratete Frau ihre Tracht rechts bindet, eine unverheiratete links. Für die Jungs war das damals relativ einfach und hilfreich. Kamen sie in ein fremdes Dorf, hielten sie Ausschau nach den Schürzen – die bekannten Schürzenjäger – und sie konnten relativ leicht feststellen, aha, rechts gebunden, also Finger weg. Links gebunden: noch frei, da konnte man anbändeln. So ist auch dieser Ausdruck entstanden.

Alles war damals geregelt. Doch wie überwacht man nun solche Regeln? Da waren die Nachfolger der beiden Herzöge nicht verlegen. Sie hatten eine Idee, wie die Gesetze zu überwachen seien. Frei erfunden zwar, aber vermutlich könnte sich ein Dialog damals zwischen Herzog Eberhard III. und seinen Beratern wie folgt abgespielt haben:

„Wir regeln alles mit Gesetz, und wer das Gesetz nicht einhält, wird bestraft. Am allerbesten mit Geldstrafen, das bringt schließlich auch Geld in die Kassen des Staates."

„Aber Eurer Gnaden, wenn wir Gesetze einführen, müssen wir sie auch überwachen, da brauchen wir jede Menge Gendarmen, also Polizei, das können wir uns nicht leisten."

„Wir brauchen keine Gendarmerie", so der Herzog, „wir lassen das Ganze durch die Nachbarn überwachen."

„Aber Euer Gnaden, welcher Nachbar wird denn so blöd sein, seine Nachbarn zu überwachen und anzuzeigen?"

Gut, der Herzog hatte auch da eine Idee und diese wurde umgesetzt: die „Kirchenkonvente" wurden eingeführt. Diese Idee hielt sich per Gesetz in Württemberg übrigens bis 1891.

Das bedeutete, dass jede Gemeinde die niedere Gerichtsbarkeit erhielt. Diese war auszuüben vom Pfarrer, vom Schultes, von den Honoratioren – soweit vorhanden, also vom Arzt und Apotheker – und von bis zu zwei, drei dazu gewählten Bürgern. Nebenbei gesagt: diese Zugewähltheit war das verhassteste Ehrenamt, das es in Württemberg überhaupt gab. Die wollte niemand, da war niemand scharf drauf, denn wer diese Aufgabe hatte, war verhasst im ganzen Dorf.

Der Kirchenkonvent traf sich einmal im Monat, sonntags nach dem Gottesdienst, entweder auf dem Rathaus oder im Pfarr-

haus. Meistens im Pfarrhaus. Dies führte dann dazu, dass man bis heute nur ungern in Pfarrhäuser geht bzw. dass von der Nachbarschaft auf dem Dorf bis heute genau überwacht wird, wer den Pfarrer aufsucht. Ich meine, eine Tradition, die 250 Jahre lang hielt, hat halt einfach ihre Nachwirkungen.

Der Clou bestand nun darin, dass es Listen gab, und in diesen Listen war genau aufgesetzt und festgelegt – wie in den Gesetzen, die vorhin zitiert wurden –, was man alles zu beachten hatte und wofür Geldstrafen auszusprechen waren. Nur wenn man kein Geld hatte, wurde man eingesperrt. Jede württembergische Gemeinde hatte deshalb in ihrem Feuerwehrmagazin eine Arrestzelle einzurichten. Und schaut man heute alte Feuerwehrmagazine an, kann man immer noch mindestens ein vergittertes Fenster entdecken. Das war die ehemalige Arrestzelle. Arrest wurde ungern ausgesprochen, weil das nur dem Gesetz nützte. Der Verurteilte saß dann seine Strafe ab und das war es dann.

Geldstrafen waren da viel, viel interessanter. Denn das Besondere an dem württembergischen Gesetz war, dass derjenige, der jemanden verpfiff, davon finanziell profitierte. Wurde man im Kirchenkonvent angeklagt und verurteilt, musste man eine Geldstrafe bezahlen. Ein Drittel der Strafe bekam der Denunziant als Belohnung für die Anzeige ausbezahlt.

„Beim Pulver goht älles end Luft – beim Schwoab nach enna nei!"

[baim pulvɐ goːt ɛːlɛs ɛːnt luft – baim ʃvoːb nax ɛnnɛ nai]

Der Sprengstoff explodiert – der Schwabe implodiert

Die Belohnung des Denunziantentums war die eigentliche württembergische Revolution. Diese Revolution veränderte Württemberg nachhaltig. Die beschriebenen Regelungen galten bis zum Jahr 1891! Diese Revolution hat also rund 250 Jahre lang gewirkt und mehr oder weniger eine Genveränderung von protestantischen Schwaben in Württemberg bewerkstelligt, sie hat die Menschen tiefgreifend verändert. Denn nun wurde schlagartig alles anders.

In Württemberg gingen die Fensterläden zu. Der Schwabe begann zu schweigen. Er begann sich zu verstecken. Er erzählte nichts mehr. Er verstummte und wurde unsichtbar.

Wir haben nun drei Sprengstoffbestandteile beisammen. In Württemberg gab es 250 Jahre lang Elitenzüchtung durch Bildung. Dies war gepaart mit absoluter Armut, da die Böden nichts hergaben und Missernten katastrophale Folgen hatten. Nun haben wir als dritten Sprengstoffbestandteil die Überwachung. Schwäbisch gesagt: Die Schwaben waren nicht nur saumäßig gebildet und saumäßig arm, jetzt wurden sie auch noch saumäßig überwacht.

Und diese Überwachung funktionierte! Denn wenn man jetzt auf seinen Nachbarn Acht gab, wenn man jetzt genau verfolgte, was er trieb, vor allen Dingen, was er falsch machte, dann konnte man ihn anzeigen und aus dieser Anzeige Gewinn schaffen. Gewinn in Bargeld. Das ging auch, wenn man extrem arm war. Und das hat gewirkt.

Noch einmal: Der Schwabe war bettelarm, aber gebildet, er konnte seine Gedanken zu Papier bringen, rechnen und sich austauschen. Und er wollte aus dieser Misere ausbrechen. Natürlich sagte er: meine Kinder sollen es einmal besser haben. Und dann fing er an zu grübeln. Dann fing er an, Berechnungen anzustellen. Dann fing er an, etwas zu bauen, zu gestalten, etwas zu erfinden, etwas auszuprobieren. Nur durfte das niemand sehen, denn es hätte sofort Verdacht erweckt, und dieser Verdacht

war gefährlich, unter anderem deshalb, weil er direkt auf den Geldbeutel zielte. Also wurde alles heimlich gemacht, also hat man sich versteckt, also hat man nichts mehr gesagt, nichts mehr direkt ausgetauscht. Man hat es für sich behalten. Aus dieser Zeit haben wir die ersten Überlieferungen von schwäbischen Begriffen wie „i denk mei Sach". Oder „net g'schompfa isch g'lobt g'nug".

Ergebnis: Der Schwabe wurde maulfaul.

Beispiel: Ein schwäbisches Ehepaar sitzt zum Abendessen, also zum Vespern, zusammen. Außer den knarrenden, malmenden Geräuschen der Zähne hört man nichts. Auf einmal sagt die Ehefrau: „Du, im Dorf erzählt m'r sich, dass d'Babett schwanger isch und a Kendle kriagt."

Er: „Na und, des isch ihr Sach."

Sie: „Ja, scho. Aber im Dorf erzählt m'r sich au, dass des Kendle von dir sei."

Er: „Des isch mei Sach."

Sie: „Du, wenn des fei wahr isch, dann gang i in d'r Wald und häng mi auf."

Er: „Des isch dei Sach."

Schwaben reden seit diesen Zeiten nur das Nötigste miteinander. Das führt auch dazu, dass in einer schwäbischen Wirtschaft jeder Schwabe sich einen leeren Tisch sucht und dort alleine sitzt. Auf die Idee, an einen Tisch zu gehen, wo schon jemand Platz genommen hat, kommt er nicht. Wenn ich am Sonntagnachmittag mit meiner Frau auf die Schwäbische Alb fahre und sie hat Lust, in ein Café zu gehen, muss natürlich ich als Erster in das Restaurant oder Café. Und wenn ich sehe, dass an jedem Tisch einer sitzt, gehe ich wieder hinaus und sage: „ Du, da isch's voll. Mir fahret woanderschd hin." So ist auch der Ausruf einer schwäbischen Wirtin auf der Schwäbischen Alb am Sonntag-

nachmittag zu erklären: „Oh, Jerum!, da kommet vier Stuttgarter und i han nur drei Tisch frei." Das ist einem Norddeutschen völlig fremd. Der geht hinein, klopft auf den Tisch, sagt „Hallo!", schaut, wo Platz ist, setzt sich dazu und beginnt ein Gespräch. In Schwaben ist das völlig undenkbar. Der Schwabe ist gern für sich alleine und der Schwabe möchte niemand Neues kennenlernen. Er müsste sich ja mit ihm unterhalten, und er weiß nicht, was der Fremde will. Vermutlich will der sogar was von ihm. Das aber gefällt dem Schwaben nicht. Er will nichts vom Fremden, der soll aber auch nichts von ihm wollen. Der Schwabe ist geprägt durch 250 Jahre Überwachung. Er hat mit Fremden nichts am Hut.

Man stelle sich eine schwäbische Wirtschaft vor und ein Norddeutscher, frisch zugezogen, besucht abends diese Wirtschaft. An jedem Tisch sitzt bereits einer. Der Norddeutsche kommt herein, möchte sich an einen Tisch setzen, sagt: „Guten Abend! Ist dieser Platz noch frei?" Er schaut den Schwaben an, der schaut nicht mal auf und sagt nur: „Mhh." Der Norddeutsche missversteht das völlig und nimmt Platz.

„Ah, was Sie da essen", stellt der Norddeutsche fest, „das ist ja hochinteressant. Das habe ich ja noch gar nie gesehen. Nudeln mit einem Linsenbrei. Na, kann man das überhaupt zusammen essen?" Der Schwabe sagt nur: „Mhh." Nebenbei bemerkt: der Norddeutsche hat soeben eine Todsünde begangen, er hat das schwäbische Nationalgericht Linsen mit Spätzle beleidigt. Das sollte er niemals tun.

Aber der Norddeutsche lässt sich nicht beirren, er fährt fort und sagt: „Ja, was trinken Sie denn dazu? Das ist vermutlich Rosé, so hell wie der Wein ist. Falls das überhaupt Wein ist." Der

Schwabe sagt nicht nur: „Mmmhh", sondern denkt sich auch: „Zweite Todsünde! Du Grasdackel!" Das Nordlicht – vulgo „Fischkopf" – hat gerade das schwäbische Nationalgetränk Trollinger beleidigt. Ziegelrot, sprich hellrot, von Nichtkennern in der Regel mit einem Rosé verwechselt.

Das stört den Norddeutschen überhaupt nicht. Er sagt: „Sie, ich bin ganz neu in der Gegend, gibt es denn hier irgendetwas Interessantes anzuschauen? Haben Sie mir vielleicht einen Ausflugstipp?" Der Schwabe sagt: „Mhh." „Ach", sagt der Norddeutsche, „sehr gesprächig sind Sie ja nicht gerade!" Der Schwabe sagt: „Mhh."

Da geht die Tür auf, zwei Rotkreuzhelfer kommen mit einer Spendenbüchse herein und erbitten von den Anwesenden eine Spende für das Deutsche Rote Kreuz. Der Norddeutsche schaut den Schwaben an und sagt: „Das ist eine ganz tolle Sache, das Rote Kreuz brauchen wir ja immer wieder, Unfälle und so." Öffnet den Geldbeutel, holt einen 10-Euro-Schein heraus und steckt ihn in die Büchse. Die Rotkreuzler, drauf ermutigt, halten nun dem Schwaben die Büchse unter die Nase und der blickte zum ersten Mal auf und sagt: „Mir g'höret z'samma!"

„Vom Omgang mit'an' ander"

[vom omgang mit εnadɐ]

Schwäbische Kommunikation

Schwaben haben damals das Reden verlernt. Mit Reden äußert man sich, kehrt sein Innerstes nach außen, verrät sich sogar. Also hat der Schwabe sein Reden reduziert auf gutturale Ausdrucksmöglichkeiten.

Im Katharinenhospital in Stuttgart, erster Stock, Urologie. Kommt ein Schwabe aus einem Behandlungszimmer heraus, geht auf den Wagen in der Mitte des Ganges zu, nimmt sich dort ein Heilwasser, schenkt sich ein Glas ein und trinkt. Öffnet sich gegenüber eine andere Tür, ein anderer Schwabe kommt heraus, nimmt sich auch ein Heilwasser, schenkt es sich ein und trinkt. Sagt der eine Schwabe zum anderen: „Ond?" Sagt der andere zum einen: „Au!" Während sich Norddeutsche nun überlegen, wann denn die beiden Schwaben in ein Gespräch miteinander eintreten, also wenn sozusagen der Austausch gutturaler Ausdrücke dieser Aborigines vorbei ist, wissen Schwaben, dass die beiden Männer sich soeben ihre gesamte Leidensgeschichte erzählt haben.

Schwaben können die Kommunikation auf den urtümlichsten kleinsten Nenner reduzieren. Anderes Beispiel. Ein alter Wengerter geht zusammen mit seinem Sohn mühsam die Wengertstaffeln den Weinberg hoch. Ihr Weinberg ist ganz oben. In der

Mitte angekommen, sehen sie, dass ein Nachbar eine nagelneue Hacke, eine „Hau", offensichtlich liegen lassen oder vergessen hat. Der Sohn möchte zu seinem Vater sagen: „Du, wenn wir die mitnehmen, billiger kommen wir nicht an eine neue Hacke." Aber noch bevor er den Mund aufmachen kann, sagt sein Vater zu ihm: „Em Ra'!" Für einen Nichtschwaben: „Wenn wir wieder hinuntergehen, nehmen wir sie mit." Schwäbische Kommunikation auf kleinstem Nenner.

Das geht auch anders herum. Die Sauna hat in Schwaben schon sehr früh geöffnet. Tritt ein Schwabe in den Duschraum ein. Dort steht schon ein alter Mann, duscht sich und schaut ihn grimmig an. So als fühle er sich durch einen Eindringling am frühen Morgen in seinem Reich gestört. Beide duschen. Kein Wort fällt. Am Ende des Duschens sagt der alte Mann zum Eindringling:

„Bei ons sait m'r fei Griaß Gott, wenn m'r reikommt."
Sagt der Eindringling:
„Bei ons au! Aber net zo jedem Dackel!"

Der Fortgang des Saunaganges ist leider nicht überliefert. Könnte aber so ausgegangen sein:
„Soll I jetzt etwa beleidigt sei?"
„Noi! I han ja net Halbdackel g'sait."

Schwaben haben gelernt, sich zu verstecken. Dazu gehört auch, dass sie die eigentlichen Informationen, die sie aussprechen, tarnen. Das bedeutet, dass sie diese grenzenlos übertreiben oder grenzenlos untertreiben.
„Wia'n i des mitkriegt han, bin i sofort losg'wetzt, i ben g'spronga und g'rennt, bis m'r schier d Long rausg'hanga isch. Und wo i akomma be, wars weg." Sonderangebot im Aldi.

Zweites Beispiel. „Ich han g'erbt – en Stuargert. Es isch net so einfach na'z'komma, denn es isch am Hang. Also, von d'r ondra Straß goat a Staffel nuff und von der obra Straß goat au a Staffel ra. Wenn de da a Kischt Sprudel trägscht, ischs, egal wia rom, saumäßig viel Geschäft. Ja, ja, a Häusle isch da, aber ma muoss viel Geld nei'schtecka zom Riachta, aber ma koa dromrom laufa. Und au von de Nachbar sieht m'r nex. Ha, es isch scho a schwere Lascht." Kurz: das ist nichts anderes als die Beschreibung einer Villa in Stuttgarts so sehr geschätzter Halbhöhenlage, bevorzugt am Killesberg.

Und noch etwas. Nur die Schwaben bringen es fertig, dafür, dass sie etwas weniger bekommen, etwas mehr zu bezahlen. Das ist zwar ein Widerspruch, aber für Schwaben völlig logisch. Wenn sie früher einen neuen Daimler kauften und Wert darauf legten, dass am Heck die Motorenbezeichnung nicht draufsteht, mussten sie einen Aufpreis zahlen. Also für weniger mehr zahlen. Dies zahlten viele Schwaben deshalb, weil sie nicht wollten, dass ihre Nachbarn mitbekamen, was in ihrem Daimler steckte. Ich habe einen Nachbarn, der sehr wütend war, als Daimler die Modellreihe der E-Klasse nagelneu auflegte. Bis dahin hat er sich nämlich jedes Jahr einen neuen Daimler gekauft, immer schwarz und immer mit der gleichen Innenausstattung. Er hat immer dafür gesorgt, dass hinten nicht draufstand, welcher Motor drinnen steckte. Das war natürlich jedes Jahr ein stärkerer Motor, aber keiner hat es gemerkt. Farbe bekennen musste er, als die neue E-Klasse herauskam, denn dann konnte das jeder sehen und darüber war er wütend.

Das funktioniert heute nicht mehr. Wenn man bei Daimler die Kennzeichnung am Heck weglässt, ist dieser Service jetzt umsonst.

„Schwäbische Camouflasch'"

[ˈʃvɛbiʃe kamuˈflaʃ]

Die getarnten Schwaben

Psychologen beschreiben Stuttgart und andere größere Städte in Schwaben als eigenartige Orte. Nur dort, sagen sie, sei es so, dass man an den Kleidern der Leute auf der Straße nicht sehen könne, was da an Geld oder Schulden dahinterstecke. In Schwaben können sie, wenn ein Mann in einem etwas alten Anzug auf der Stuttgarter Königstraße vor ihnen hergeht, nicht sagen, ob das ein Multimillionär oder ein Harz-IV-Empfänger ist.

Schwaben sehen irgendwie immer und überall gleich aus. Noch vor 20 Jahren war es so, dass eine Schwäbin ihre Pelze nicht in Stuttgart gekauft hat, sondern in München. In Stuttgart hätte eine Nachbarin sie beim Einkauf sehen, erkennen und anschließend darauf ansprechen können. Das wollte sie nicht. Hatte sie ihren Schmuck oder Pelzmantel aber in München gekauft, dann konnte sie das alles in Stuttgart ausführen und, wenn sie die entsprechenden Blicke erhielt, darauf antworten: „Es ist ein Erbstück!" Denn das ist natürlich klar: ein Erbstück muss mal getragen werden, das muss man auch zeigen, das versteht jede Schwäbin. Da ist überhaupt kein Neid im Spiel. Ein Erbstück kann man doch nicht den Mottenkugeln überlassen.

„Dia oine schaffet mit d'r Hand, dia andere mit em Hirn!"

[di: oine ʃafet mit dɐ hant, di: andrɐ mit ɛm hiːrn]

Tüftler und Denker

Die drei Sprengstoffbestandteile Bildung, Armut und Überwachung führten dazu, dass die Schwaben erst etwas austüfteln, dann dieses ausprobieren. Das gelingt nicht beim ersten Mal. Sie probieren es wieder aus und es gelingt auch nicht beim zweiten Mal. Bei dritten, beim vierten Mal gelingt es vielleicht. Oder auch nicht. Dann wird eben weiter versucht.

Dieser Mischung, diesen drei Komponenten des schwäbischen Sprengstoffs ist es zu verdanken, dass aus den Schwaben so viele Tüftler, Denker, Erfinder, Ingenieure, Dichter, Sänger, aber auch Spinner hervorgegangen sind. Diese Mischung hat die Schwaben geprägt.

Sie hat bis heute auch die Kommunikationsformen geprägt. Schwaben kommunizieren anders. Nicht nur so, wie in den Beispielen bereits erklärt. So ist es auch klar, dass ein Schwabe niemals untätig sein kann. Ein Schwabe hat immer etwas zu tun, er ist immer schaffig, er ist immer unterwegs. Selbst wenn er nichts tut, tut er es so, als ob er jederzeit etwas tun könnte. Bestes Beispiel – mein Vater am Samstag. Selbst wenn er keine Lust hat, etwas zu arbeiten: die Arbeitskleider werden angezogen, passend dazu wird das notwendige Arbeitsgerät in die Hand genommen. Selbst wenn er jetzt stundenlang am Gartenzaun mit der Nachbarin redet – denn es ist nicht so, dass er nicht auch mal gerne reden würde – erweckt er für jeden, der vorbeikommt, immer den Eindruck, dass er eigentlich mitten aus der Arbeit herausgerissen wurde, gerade im Gespräch ist und trotzdem jederzeit sofort wieder mit der Arbeit weitermachen könnte.

Meine Mutter – aus Sachen-Anhalt stammend – hat dies zeitlebens aufgeregt. Für sie war am Samstagvormittag Zeit, noch etwas zu erledigen. Samstagnachmittag war für sie bereits Sonnabendnachmittag, das war eigentlich schon ein halber Sonntag. Es wäre ein ideale Möglichkeit gewesen, sich anders anzuziehen und sich gemütlich zu einem Tässchen Kaffee an einer Kaffeetafel zu treffen. Sozusagen die Woche ausklingen zu lassen und das Wochenende zu beginnen. Das war mit meinem schwäbischen Vater nicht zu machen – auch nicht nach 50 Ehejahren. Da wurde eben samstags bis 18 Uhr immer noch der Arbeitsschurz getragen und der Anschein erweckt, als ob man jederzeit genug zu arbeiten hätte. Da prallten Welten aufeinander.

So auch an einem Samstagnachmittag im Hochsommer – natürlich draußen im Gärtle. Jeder Schwabe hat ja irgendwo ein Gärtle, oder ein Stückle, oder ein Gütle. Er muss ja irgendwo seine „Breschtleng" (Erdbeeren) und seine sonstigen Sachen anbauen. Selbst wenn er nur zwei Reihen Kartoffeln hat und Generaldirektor einer großen Industriefirma ist. Die zwei Reihen Kartoffeln müssen sein, man weiß ja nie, es könnten ja auch schlechte Zeiten kommen. Das ist für einen Schwaben völlig selbstverständlich.

Selbst die schwäbische Ehefrau eines Generaldirektors macht aus „Träuble" (rote oder schwarze Johannisbeeren) ihr „G'sälz" (Marmelade) noch selber. Es gibt nichts Besseres.

So ist also der Schwabe am Samstagnachmittag auf seinem „Stückle". Nützt die Möglichkeit, gut geschützt von zahlreich angebauten Hecken, im Liegestuhl zu liegen, aber keineswegs zu schlafen. Vorher hat er sich vergewissert, dass ihn auch niemand sieht. Schlafen geht gar nicht. Vielmehr bewegt man sich sozusagen in einem Halbdämmerschlaf – auf gut schwäbisch „Gruaba" genannt. Gruaba heißt nicht schlafen, gruaba heißt aber auch nicht arbeiten. Es ist ein Zustand dazwischen, in dem man nachdenkt. Was man tun könnte, wie man verschiedene Dinge, die sich an sich vollständig gegenseitig ausschließen (Achtung: das ist schwäbisches dialektisches Denken), doch zusammen denken könnte, um zu sehen, was daraus entstehen könnte. Das ist keine Schutzbehauptung fürs Nichtstun, das ist auch kein scheinheiliges Tun. „Gruaba" ist ein ernsthafter Versuch des Schwaben, sozusagen ruhend, aber dennoch geistig wach, über neue Möglichkeiten des Arbeitens, des Erfindens, des Tüftelns nachzudenken. Das macht uns keiner nach.

Davon abweichend, also ganz anders, ist der Zustand des „Bruddelns". Schwaben bruddeln gern. Das heißt, sie geben ih-

re Meinung kund, aber so, dass man sie nicht unbedingt hört. Bekanntlich geht es den Nachbarn – und schon gar nicht die Obrigkeit! – etwas an, was man denkt und wo man widerspricht. Aber gesagt werden muss es trotzdem. Also bruddelt der Schwabe, wenn er etwas machen muss, was er gar nicht mag, aber trotzdem machen muss, und gibt dazu seinen Kommentar ab. Wenn man einen schwäbischen Bruddler trifft – das kann jeder Schwabe sein, je nach Situation –, sollte man das einerseits registrieren, aber nicht darauf reagieren und dennoch darauf vorbereitet sein, dass man reagieren sollte, auch wenn man es nicht gehört haben sollte. Alles klar?

Eben – denn das ist schwäbische Dialektik.

„So isch's no au wieder!"

[zo: iʃs no au wi:dɐ]

Die Kunst der schwäbischen Dialektik

Insgesamt sind die Schwaben Sprachkünstler. Denn sie verfügen über eine Fähigkeit, die andern in Deutschland völlig abgeht. Sie können dialektisch denken. Dieses dialektische Denken hat Hegel zu einer Staatsphilosophie ausgearbeitet. Karl Marx meinte, er habe es verstanden. Vermutlich war er auch der Einzige, der es verstanden hat. Aber er hat es gründlich missverstanden.

Dialektisch denken kann jeder Schwabe. Und dieses dialektische Denken kommt bei ihm vor, bevor er den Mund aufmacht. Deshalb sind Schwaben oft so schweigsam, weil sie erst einmal dialektisch durchdenken, um was es geht. Dialektisch denken heißt, dass ein Schwabe sich überlegt, wie eine Sache sein könnte. Aber indem er dieses denkt, stellt er es zugleich wieder infrage und sagt: „Nein, es könnte auch genau anders sein." Nun vergleicht er dieses „Sosein" mit dem „Anderssein" und sagt: „Ja, ja, wenn ich beides zusammen denke, die Widersprüche aushalte, die Widersprüche sogar kläre, dann gibt es in Wirklichkeit etwas anderes, aber auf einem höheren Niveau. Das aber kann ich schon wieder infrage stellen, weil, obwohl es auf einem höheren Niveau ist, könnte es doch auch wieder ganz anders sein."

Das ist nichts anderes als das Hegel'sche Denksystem. These und Antithese vereinigen sich auf einer höheren Ebene zur Synthese. Die stellt allerdings schon wieder eine neue These dar, der ich mit einer Antithese widersprechen kann. Das ist dialektisches Denken.

Dieses Denken ist jedem Schwaben eigen. Schwaben können deshalb grundsätzlich in sich Widersprüchliches harmonisch aushalten und nebeneinander bestehen lassen. Das findet dann auch Widerhall in ihrer Sprache. In Schwaben gibt es Begriffe wie „Komm! Gang!"

Norddeutsch ausgedrückt ist das eigentlich ein Widerspruch. Wie kann man zugleich kommen und gehen? In Schwaben schon: „Komm! Gang!"
Eine andere schwäbische Ausdrucksweise ist: „Ward g'schwend!" Warten und zugleich geschwinde sein ist unlogisch. Das geht überhaupt nicht. Im Schwäbischen schon.

Oder eine dritte Möglichkeit: „Das Glas ist voll leer." Mehr leer kann es gar nicht sein. Nicht mal ein einziger Tropfen ist mehr drin. Es ist voll leer. Voll leer! Im Schwaben logisch, für jeden anderen Schwachsinn.

Diese Form des Denkens bringt ein Schwabe mühelos ein in seine alltägliche Kommunikation. Und deshalb ist es so schwierig, mit einem Schwaben in Kontakt zu treten, denn der Schwabe tritt zunächst einmal nicht in verbalen Kontakt. Er beobachtet erst einmal. Und dies bitte wieder im Rückblick auf 250-jährige Erfahrung mit Überwachung.

Anders ausgedrückt: „Bevor ein Schwabe das Wort ,Wurst' gesagt hat, hot se en Berliner scho' g'fressa!" Das Schwäbische ist halt derb und direkt.

Stellen Sie sich vor, Sie sind als Norddeutscher nach Süddeutschland gekommen, der Arbeit wegen. Sie ziehen in eine kleine schwäbische Stadt und Sie haben im ersten halben Jahr nach ihrem Umzug das Gefühl, dass Sie der einzige Mensch sind, der dort in der Straße wohnt. Sie sind der einsamste Mensch in dieser Stadt. Keiner spricht sie an, keiner nimmt Kontakt mit Ihnen auf. Weit gefehlt! Sie werden Tag und Nacht überwacht. Ein Versuch soll dies erläutern. Gehen Sie mal an einem Sonntagnachmittag, wenn es absolut windstill ist, auf der Hauptstraße in einem schwäbischen Dorf spazieren. Außer Ihnen und zwei Katzen ist kein Lebewesen unterwegs. Jetzt können Sie beobachten, dass sich jeder Vorhang bewegt. Sie sind komplett überwacht.

Wenn diese Überwachung eine geraume Zeitlang erfolgt und positiv ausgegangen ist, spricht die schwäbische Ehefrau Ihres Nachbarn ihren Ehemann an und sagt: „Du, meinst Du nicht auch, wir sollten mal Kontakt mit den Neuzugezogenen aufnehmen, die sind immerhin schon ein halbes Jahr da? Die sind ganz nett, der Rasen wird gemäht, das Auto wird geputzt und die Kinder sagen auch freundlich Grüß Gott. Mointsch net auch, m'r sott mit dene Kontakt aufnehma? Gang a mal nom und lad se ei! Ich hab sowieso z'viel Wurscht ei'kauft. Heut Abend wolle m'r grilla, da könnet dia grad no mitessa."

„Damit Du net bäbba bleibsch!"

[damit du: nɛt bɛbɛ blaibʃ]

Schwäbische Fallen! Überlebenshilfe für schwäbisch Angeheiratete!

Übrigens: die Schwäbin hat gesagt: „Mointsch net au" und „m'r sott". In der schwäbischen Kommunikation sind das zwei grundsätzliche und wichtige Ausdrücke. „Mointsch net au" aus dem Mund einer Schwäbin bedeutet nicht: „Meinst du nicht auch?" Das ist keine Frage, sondern ein Befehl! Das heißt klipp und klar: „Ich habe mich entschieden und jetzt wird Folgendes getan!" Die Formulierung „mointsch net au" erheischt zwar noch die Meinung des anderen, diese spielt aber überhaupt keine Rolle. Noch deutlicher wird das bei dem Ausdruck „m'r sott". Der heißt wörtlich übersetzt nicht, „man sollte". Das ist vielmehr ebenfalls ein Befehl, der klipp und klar sagt: „Du bist gemeint, und zwar jetzt und sofort."

Das sollten Sie, wenn Sie jemals ein partnerschaftliches Verhältnis mit einer Schwäbin eingehen wollen, sich grundsätzlich merken. Dann kann die Ehe glücklich werden, ansonsten ist der Misserfolg sozusagen schon sprachlich garantiert. Natürlich können Sie diese Begriffe auch anders interpretieren. Aber ich garantiere Ihnen den Misserfolg, bis hin zur Scheidung.

Zurück zu unserem Beispiel mit dem zugezogenen nordischen Nachbarn. Jetzt hat der Schwabe ein Problem, denn die Aufforderung seiner Ehefrau ist klar, und wer hier zu handeln hat, ist ebenfalls klar. Er hat auf diesen neuen Nachbarn, immerhin ein halbes Jahr hier lebend, zuzugehen. Natürlich muss er nun sein Begehren ausdrücken, sprich, er muss ihn ansprechen. Das genau ist das Problem des Schwaben, denn das Ansprechen hasst er. Ein Schwabe spricht niemand anderen an, weil er dann ein Gespräch beginnen muss, dessen Verlauf er nicht einschätzen kann. Aber wenn er schon ein Gespräch beginnen muss, dann muss er das Gespräch dahingehend beginnen, dass er eigentlich nichts sagt. All dieses Unbehagen über ein zu beginnendes Gespräch hat der Schwabe deshalb in eine ganz besondere Form gebracht. Eine Form, die es ihm ermöglicht, ein Gespräch zu eröffnen, das er eigentlich gar nicht eröffnen will. So beginnt der Schwabe das Gespräch, indem er beschreibt, was der andere gerade macht. „So, Herr Nachbar, dean m'r Auto butza?" Variierbar in: „So, dond m'r d'r Garta umgraba?" Und wenn er gar nichts sagen will, sagt er: „So, send mer schaffig?" Er beschreibt

in Frageform genau das, was der andere gerade macht. Das ist der schwäbische Kniff, aus der Sache ungeschoren wieder herauszukommen.

Jetzt kommt der entscheidende Punkt. In diesem Moment entscheidet es sich, ob in diesem Gespräch zwischen dem Norddeutschen und dem Schwaben sich die Möglichkeit einer Freundschaft auftut, die, wenn sie zustande kommt, garantiert ein Leben lang anhalten wird. Denn eines gilt: wer einen Schwaben zum Freund hat, der ist gesichert für den Rest seines Lebens. Denn er hat einen Freund fürs Leben. Egal, was da auch kommt. Wer einen Schwaben zum Freund hat, kann sich glücklich schätzen.

Es ist aber sehr, sehr schwierig, einen Schwaben zum Freund zu gewinnen. Meistens scheitert das.

In unserem Beispiel passiert jetzt Folgendes, nämlich dass der Norddeutsche auf die Frage „So, dean m'r Auto butza?" klipp und klar antwortet: „Na klar, das sehen Sie doch!" Und das ist die entscheidende Sekunde, in der nicht nur die Schlacht verloren, sondern auch der Krieg entschieden ist: die Freundschaft wird niemals zustande kommen. Denn jetzt dreht sich der Schwabe wortlos um, geht zu seiner Frau zurück und sagt: „Du, des isch an Seggel, om den muas m'r sich nemme kimmra!" Aus die Maus! Und der Norddeutsche geht zu seiner Frau zurück und spricht: „Stell Dir vor, da kommt doch der schwäbische Nachbar von nebenan und quatscht mich dumm von der Seite her an, und fragt mich das, was ich ohnehin tue." Die beiden kommen nie mehr zusammen, auch wenn sie noch 20 Jahre lang Nachbarn sind, da wird nichts mehr gesprochen außer dem Nötigsten.

Praktischer Tipp von mir. Einfach antworten: „Ja. Und hier habe ich einen Fleck, den bekomme ich nicht weg. Haben Sie mir denn einen Tipp?" Natürlich hat der Schwabe einen Tipp, natürlich weiß der Schwabe, wie man den Fleck wegbekommt, und natürlich ist der Schwabe stolz darauf, dass er nun gefragt wird und seine enorme Kompetenz auch zeigen kann. Aus den beiden kann was werden.

Ihren dichtesten Ausdruck findet eine solche Kommunikationsfähigkeit des Schwaben, wenn er einen Heiratsantrag machen muss. Das ist das, was er am meisten fürchtet. Natürlich liegt die Sache längst in der Luft, sie arbeitet schon seit Monaten darauf hin und irgendwann ist der Antrag fällig. Er muss, er spürt's, er kann der Sache nicht mehr ausweichen, er muss den Heiratsantrag stellen. Aber wie stellt ein Schwabe einen Heiratsantrag, wenn er erstens nichts sagen und zweitens sich nicht festlegen will. Er macht es, indem er die faszinierende Erfindung des schwäbischen Konjunktivs anwendet. Er beginnt mit diesem Konjunktiv: „Du, Mädle, dätsch du mi möga …?" Nebenbei gesagt: ein Schwabe sagt nie, ich liebe dich. Die höchste Form einer erotischen Ausdrucksweise eines Schwaben besteht darin, zu sagen, ich mag dich. Also Vorsicht, wenn ein Schwabe sagt, ich liebe dich, dann ist er entweder ein Heiratsschwindler oder sonst ein Verbrecher.

Der entscheidende Satz lautet also: „Mädle, dätsch du mi möga für den Fall, dass i di au möge dät?" Jetzt liegt die Sache an ihr. Sagt sie einfach: „Ja", ist alles gesagt. Weil, jetzt braucht er nur noch antworten: „I di au." Sie aber hat das entscheidende Wort gesagt, nicht er. Oder aber sie sagt: „Noi", dann hat er immer noch die Möglichkeit, zu antworten: „I di au net." Damit ist auch alles „geschwätzt", aber er hatte doch das letzte Wort. Raffinierter geht es nicht

„Des isch d'r sprengende Ponkt!"

[dɛs iʃ dɐ sprɛnɛndɐ ponkt]

Der schwäbische Schlüsselbegriff

Saumäßig gebildet, saumäßig arm, saumäßig überwacht. Das alles hat seine Folgen. Im Denken, im Handeln und auch in der Kommunikation. Um aber den Schwaben wirklich zu verstehen, bedarf es eines letzten Schlüssels. Dieser Schlüssel ist der Begriff „Hälenga".

„M'r Schwoba send hälenga"

[mir ʃvobə sɛnt hɛlengə]

Der Schwabe tut immer etwas geheimnisvoll

Hälenga bedeutet nicht „heimlich". Das klingt zwar so, als wäre es die wörtliche Übersetzung, ist es aber nicht. Auch wenn die meisten Schwaben überzeugt sind, dass dem so sei. „Hälenga" ist ein uraltes Wort, das auf das Deutsch der Stauferzeit zurückgeht. Aus diesem Deutsch der Stauferzeit haben wir noch einen anderen Satz mit diesem Begriff übernommen: „Er machte kein Hehl daraus." Dies bedeutet, er machte kein Geheimnis daraus. Das altstaufische Wort „Hehl" steht für „Geheimnis". Deshalb ist ein Schwabe, wenn er „hälenga" ist, nicht heimlich, sondern geheimnisvoll.

Ein Schwabe ist hälenga reich, würde aber beleidigt sein, man hielte ihn für arm. Deshalb redet der Schwabe gerne in der Verniedlichungsform „-le". Er spricht von seinem „Gütle" in Stuttgart – also von einem Wochenendhaus in Halbhöhenlage. Nur ein Insider versteht das und kann das richtig einschätzen. Oder er läuft in uraltem Hemd und uralter Krawatte herum, aber die Uhr an seinem Handgelenk zeigt, dass er sich allein mit dem Preis der Uhr leicht einen Maßanzug hätte kaufen können. Mit Hingabe erzählt der schwäbische Unternehmer, dass er am Wochenende auf seinem „Stückle" seine „Träuble" pflücken würde, und während seine Berliner Gesprächspartner beginnen, sich über den Bauern aus dem Süden zu amüsieren, lässt er einflie-

ßen, dass er das auf seiner Farm in Namibia auch so machen würde.

Und so ist der Schwabe in allen Bereichen „hälenga". Während ein Norddeutscher, etwa ein Berliner, eine Idee, die er hat, ohne jemals zu überlegen, ob man sie überhaupt in die Tat umzusetzen kann, sofort lautstark in die Welt hinausposaunt, überlegt sich der Schwabe – siehe dialektisches Denken – dass es auch ganz anders sein könnte. Und er denkt und denkt und redet erst einmal nicht. Er tritt auf wie die alten Preußen, die waren den Schwaben da sehr ähnlich: „Mehr sein als scheinen." Das ist auch etwas völlig anderes als das, was heutzutage so gilt. Sollen die Leute doch denken, ich sei arm, ich weiß, dass ich wohlhabend bin, und das genügt völlig. Nur mit einem Nebensatz lasse ich es dann doch auch durchblicken. So pflegt der Schwabe das Understatement. Da ist er „hälenga". Aber bei gewissen Statussymbolen achtet er dann doch darauf, dass der andere auf die Idee kommen könnte: na, so ganz arm kann der Gesprächspartner nicht sein.

Das färbt auch ab. Ich habe einen schwäbischen Unternehmer türkischer Abstammung kennengelernt. Der diskutierte einen Abend lang, als es darum ging, wie lange man sein Auto fahren könne und was man an einem alten Wagen denn so zu beachten hätte. Erst als zu später Stunde die Rede darauf kam, dass die Autos heutzutage viel zu schnell an Wert verlieren würden und man deshalb die Autos ruhig länger fahren solle, rückte er damit heraus, dass sein „alter Karra" ein Original-US-Jeep von 1942 war, perfekt restauriert, fahrbereit und mit TÜV. Natürlich mit einer „H"-Nummer (für historische Fahrzeuge) – man müsse schließlich Steuern sparen. Das ist „hälenga".

So ist der Schwabe gern hemdsärmelig, aber durchaus bildungsbeflissen. Zum Beispiel: Eine schwäbische Familie macht Urlaub in Frankreich, dazu gehört natürlich ein Ausflug nach Paris. Und als Schwabe gehört es selbstverständlich dazu, den Louvre anzuschauen. Auch wenn die Eintrittspreise horrend sind. Dort betrachtet die schwäbische Familie unter anderem das grandiose Gemälde „Die Heilige Familie auf der Flucht" von Michelangelo. Die schwäbische Familie steht ehrfürchtig davor, bis der Vater anfängt zu reden: „Typisch Flüchtling, nix zum essa, nix zum azieha, aber dann sich vom Michelangelo mola lassa." Da passt doch wieder alles: Sparsamkeit, Neid – und Bildung. Man weiß selbstverständlich, wer Michelangelo war.

Diese ganze schwäbische Mentalität kommt für mich vorbildhaft in der folgenden Geschichte, meiner Lieblingsgeschichte, zusammen. Stellen Sie sich die Schwäbische Alb vor. Alboberfläche bei Münsingen. Wacholderheiden auf der einen Seite, ein großer Baum auf der anderen, Kaiserwetter darüber, aus der Ferne schlängelt sich eine Landstraße heran. Unter dem Baum steht ein schwäbischer Schäfer. Sein Schäferhund neben ihm, die große Herde vor sich. Diese ganze Idylle stört ein Geräusch: ein Porschefahrer kommt röhrend dahergefahren (911er), bremst und hält an, ein Nadelstreifenanzugträger steigt aus, geht auf den Schäfer zu und sagt: „Sie, ich schlage Ihnen folgendes Geschäft vor: Wenn ich Ihnen innerhalb von 30 Sekunden sagen kann, wie viele Tiere Sie haben, kann ich eines mitnehmen. Einverstanden?" Der schwäbische Schäfer schaut ihm tief

in die Augen und sagt: „Ja." Der Nadelstreifenträger stellt seine Stoppuhr, springt in seinen Porsche hinein, klappt den Laptop auf, rechnet wie wild auf seinem Laptop, erstellt eine Excel-Tabelle, stürzt aus einem Auto und japst nach 29 Sekunden: „Sie haben genau 122 Tiere." „Stimmt", sagt der Schäfer, „suchen Sie sich eines aus." Der Porschefahrer greift sich eines, versucht es, in sein Auto zu tragen, beschmutzt sich dabei und ahnt, was den Ledersitzen in seinem Porsche passieren wird, da rettet ihn der Schäfer, indem er sagt: „Sia, passet Sie mal uff! Wenn ich Ihnen sage, was Sia von Beruf send, krieg' ich dann das Tier wieder z'rück?" Der bekleckerte Porschefahrer sagt nur: „Ja." Daraufhin der Schäfer: „Sie sind Wirtschaftsberater." Daraufhin der Nadelstreifenträger: „Ja, stimmt, ich bin Wirtschaftsberater. Wie sind Sie darauf gekommen?" „Ganz einfach", sagt der Schäfer. „Erstens kommen sie daher und kein Mensch hat Sie gerufen. Zweitens, Sie sagen mir genau das, was ich ohnehin schon weiß, dass ich nämlich 122 Tiere habe. Und drittens haben Sie keine Ahnung vom richtigen Leben. Und jetzt geben Sie mir meinen Schäferhund zurück."

„So, ond jetz ab en da Keller"

[zo:, ont jɛtst ab ɛn də kɛlɛr]

Und jetzt noch die Geschichte mit dem Keller

Bei all diesen Ausflügen in die schwäbische Mentalität haben wir nicht vergessen, dass die Ausgangsfrage lautet, warum die Schwaben zum Lachen in den Keller gehen. Hier die Antwort.

Erstens: Schwaben gehen zum Lachen nicht in den Keller. Dieses Trugbild entsteht durch norddeutsche oder badische Aussagen darüber, wie Schwaben auf sie wirken, und entsprechende Darstellungen.

Zweitens: Dieses Trugbild entsteht außerdem durch schwäbisch tiefgründiges Denken. Denn ein Schwabe durchdenkt eine Sache erst, bevor er sie ausspricht, ganz im Gegensatz zu anderen in Deutschland, die erst einmal etwas aussprechen und nachher beim Nachdenken merken, dass es Blödsinn ist. Und darauf hoffen, dass niemand gemerkt hat, welchen Schwachsinn sie gerade gesagt haben.

Drittens: Weil die Schwaben dialektisch denken können, haben sie einen anderen Zugang zum Humor. Wir lachen über Dinge, welche die Norddeutschen nicht verstehen, und wenn die Norddeutschen lachen, verstehen wir sie nicht. Zum Beispiel bei Witzen über die Friesen.

Viertens: Weil die Schwaben durch ihre protestantische Geschichte entsprechend geprägt worden sind, gehen sie auch mit dem Humor anders um. Bevor Schwaben lachen, überlegen sie erst einmal, was ihr Lachen bewirken könnte, und dann lachen sie. Schwaben lachen auch „hälenga". Das heißt nicht heimlich. Das ist das Trugbild, das die anderen von den Schwaben haben. Schwaben lachen geheimnisvoll. Wissend, überlegend, meistens auch mit der Gewissheit, dass sie in vielem „Käpsele" sind.

Und zuletzt: Schwaben wissen, wer zuletzt lacht, lacht am besten.

„*Jetzt kommet Schprich!*"

Wie Schwaben ticken

Schwaben haben nicht nur ihren ganz eigenen Humor, sie denken auch anders. In diesem Buch habe ich das als „dialektisches Denken" beschrieben. Dabei geht es keineswegs um hohe intellektuelle Kunst. Dialektisches Denken findet in der Alltagssprache seinen Ausdruck – in schwäbischen Sprüchen und Redensarten. Peter-Michael Mangold ist ein begeisterter Sammlung solcher schwäbischen Redensarten. Er hat seine Sammlung freundlicherweise für dieses Buch zur Verfügung gestellt, wofür ich ihm herzlich danke.

Die schwäbische Sprache ist eine bäuerliche Sprache. Alle Schwaben waren Bauern – jedenfalls bis kurz nach der Jahrhundertwende 1900 – denn bis 1904 wurde Baden als das „Musterländle" bezeichnet (wegen Mannheim und seinen Fabriken), ab dann ging der Begriff auf Württemberg über – dessen Industrie hatte aufgeholt. Die Schwaben kamen aus dem Elend heraus, der Wohlstand konnte beginnen. Aber nur zögerlich gaben die Schwaben ihre Landwirtschaft auf. Noch nach dem Zweiten Weltkrieg war es gang und gäbe, dass man einen landwirtschaftlichen Nebenerwerbsbetrieb führte. Tagsüber beim Daimler oder Bosch, abends auf dem Feld – das war ein übliches Bild noch in den 60er-Jahren des letzten Jahrhunderts. Diese bäuerliche Sprache ist geblieben: bildhaft, derb, direkt – auch grob. Zielgenau auf den Punkt hin formuliert, oder zwar durchaus zielgenau, aber eben nicht auf dem direkten Weg, sondern schräg von hinten.

Aber lesen Sie selber.

A alte Kuh vergisst gern, dass se au amal a Kalb gwesa isch.

Alte vergessen oft, dass sie auch mal jung waren. (Eine alte Kuh vergisst oft, dass sie auch mal ein Kalb war.)

A alte Sonntagshos am Wertag hebt net so lang wie a alte Wertagshos am Sonntag.

Auf den Einsatz kommt es an. (Eine alte Sonntagshose, am Werktag angezogen, hält nicht so lange wie eine alte Werktagshose am Sonntag.)

A bissle dumm isch jeder, aber so dumm wia mancher isch keiner.

Es gibt schon arg dumme Menschen. (Ein bisschen dumm ist jeder, aber so dumm wie mancher ist keiner.)

A Bsuch macht zweimal Freud – wennr kommt ond wennr wieder geht.

Ein Besuch macht doppelte Freude – wenn er kommt und wenn er wieder geht.

A dem hosch a Freud wie a Hund amma Wefzganest.

Das ist ein sehr unangenehmer Mensch. (An dem hast Du so viel Freude wie ein Hund an einem Wespennest.)

A Frau macht sich immer Sorga um ihr Zukunft, bis se an Mann hat. An Mann macht sich nie Sorga um sei Zukunft, bis er a Frau hat.

Eine Frau macht sich so lange Sorgen um ihre Zukunft, bis sie einen Ehemann hat. Ein Mann macht sich nie Sorgen um seine Zukunft, erst wenn er eine Ehefrau hat.

A Geizhals und a fette Sau sind erst noch am Tod zu ebbes nutz.

Ein Geizhals und ein fettes Schwein entfalten ihren Nutzen erst nach dem Tode.

A gscheiter Wein hot no keinem Dumma gschadet.

Ein guter Wein hat noch keinem Dummen geschadet.

A Gsunder hat tausend Wünsch, a Kranker bloß oin.	Ein Gesunder hat tausend Wünsche, ein Kranker nur einen.
A guats Gwissa kommt bloaß vom schlechta Gedächtnis.	Ein gutes Gewissen ist lediglich das Ergebnis eines schlechten Gedächtnisses.
A hausigs Weib isch de bescht Sparkass.	Eine sparsame Ehefrau ist die beste Garantin für wachsenden Wohlstand. (Ein sparsames Eheweib ist die beste Sparkasse.)
A Henn, wo viel gackaret, legt wenig Eier.	Große Klappe, wenig dahinter. (Eine Henne, die viel gackert, legt wenig Eier.)
A Katz mit Händschich fängt keine Mäus.	Wer zu zaghaft vorgeht, hat keinen Erfolg. (Eine Katze mit Handschuhen fängt keine Mäuse.)
a Nixle em a Bixle mit ma goldna Schlüssele dran	Das sagen Schwaben gerne, wenn sie gefragt werden, was sie gerade machen, darüber aber keine Auskunft geben wollen. (ein winziges Nichts in einer kleinen Dose mit einem goldenen Schlüsselchen dran)
a Nixle em a Bixle mit ma goldna Wartaweile	Auch das sagen Schwaben gerne, wenn sie gefragt werden, was sie gerade machen, darüber aber keine Auskunft geben wollen. (ein winziges Nichts in einer kleinen Dose mit einem goldenen Warte-mal-Eben)
a Pflätsch rahänga [a Flädsch rahänga]	ein verdrießliches Gesicht machen (die Mundwinkel hängen lassen)

A rechter Schwob wird nia ganz zahm.	Ein richtiger Schwabe ist nicht pflegeleicht. (Ein rechter Schwabe wird nie ganz zahm.)
a saudumms Lettagschwätz	ein selten dummes Gerede
a Sauwut em Ranza han	sehr wütend sein (eine große Wut im Bauch haben)
a Schnut bis zum Boda nazieha	tödlich beleidigt sein (ein sehr langes Gesicht machen)

A Schwob wird net reich durch viel vrdiena, sondern durch wenig ausgeba.	Ein Schwabe wird nicht reich durch Geldverdienen, sondern durch das Nicht-Ausgeben des Geldes.
a siadichs Donnderwettr	eine große Strafpredigt (ein heißes Donnerwetter)
A Stück Brot em Sack isch besser als a Feder am Hut.	Mehr Sein als Schein. (Ein Stück Brot in der Tasche ist besser als eine Feder am Hut.)
A Weib ka em Schurz meh naustraga als d´r Mo uffm Waga reiführa.	Ausgeben ist einfacher als Verdienen. (Eine Frau kann in der Schürze mehr aus dem Haus hinaustragen, als ein Mann in einem Wagen einfahren kann.)
Äbbiera [Abira, Ebira]	Kartoffeln
abklappara [abglabbara]	von einem zum anderen gehen, es überall versuchen
ächzga	stöhnen
äll ander [ällander]	jeder zweite

Äll Tag springt a andre Sau durchs Dorf.	Jeden Tag löst eine andere Neuigkeit die vorige ab. (Jeden Tag rennt eine andere Sau durch das Dorf.)
Ällas isch bloß a Weile recht, hot dr Pfarrer gsait und an Oschtra d'Chrischbom aus dr Kirch do.	Alles hat seine Zeit. (Alles ist nur eine eine begrenzte Zeitlang gut, sagte der Pfarrer und trug an Ostern den Weihnachtsbaum aus der Kirche.)
Alt und grau darfsch werda, aber net frech!	Alt und grau darfst Du werden, aber nicht frech!
Alte Lieb roschtet net, aber schimmlig ko se werda.	Alte Liebe rostet nicht, aber sie kann schimmeln.
Am Abend werdat die Faule fleißig.	Am Abend werden die Faulen fleißig.

Am Nest kann mr seha, was für en Vogel dren haust.	Am Nest lässt sich erkennen, was für ein Vogel darin wohnt.
Am Verdiena isch no keiner z'grund ganga.	Am Geldverdienen ist noch keiner gestorben.
Ama kalta Ofa kannsch de net wärma.	An einem kalten Ofen kann man sich nicht wärmen.
Amma Müllr sagt mrs zweimal, amma Esel dreimal.	Einem Müller sagt man alles zweimal, einem Esel dreimal.
An altr Vogel vrhält sechs Junge, aber sechs Junge kein alta!	Ein alter Vogel kann sechs junge versorgen, aber sechs Junge keinen alten.
an Bockmischt rausschwätza	großen Unsinn reden

An dr Kopfarbeit isch scho a mancher Ochs zgrond ganga.	An der Kopfarbeit ist schon mancher Ochse gescheitert.
An guter Schtolperer fällt net.	Ein guter Stolperer fällt nicht.
an Kittl kältr	In diesem Landstrich ist es kälter als anderswo. (eine Jacke kälter)
An mir lauft d Brüh na.	Mit läuft der Schweiß herab.
An Onkel, wo was mitbringt, isch besser wia a Tante, wo Klavier spielt.	Lieber einen Onkel, der etwas mitbringt, als eine Tante, die Klavier spielt.
Au a alte Maus findet überall a Loch.	Lebenserfahrung macht so manches wett. (Auch eine alte Maus findet überall ein Loch.)
Au am schönschta Vogl fallat amal d Fedra aus.	Schönheit vergeht. (Auch einem schönen Vogel fallen irgendwann die Federn aus.)
Au dr bescht Bauer ackert amol a krumme Furch.	Jedem geht mal was daneben. (Auch der beste Bauer zieht mal eine krumme Furche.)
Au dr stärkschte Rega fängt mit ma Tropfa an.	Auch der stärkste Regen beginnt mit einem Tropfen.
Au kleine Leut könnat große Schatta werfa.	Auch kleine Menschen können große Schatten werfen.
Au wer scho als Kalb en d'Fremde geht, kommt als Kuh heim.	Auch wer schon als Kalb in die Fremde geht, kommt als Kuh heim. (Auch wer schon in jungen Jahren fortgeht, kommt nicht als ganz anderer Mensch wieder.)
Aus ema Besastiel kasch net gut a Flöte schnitza.	Aus schlechten Zutaten kann man kein Spitzenprodukt herstellen. (Aus einem Besenstiel kann man keine Flöte schnitzen.)
Bacha isch net gsotta!	Man kann nicht alles über einen Kamm scheren. (Gebacken ist nicht gekocht.)
Bagasch	Gesindel (auch scherzhaft für: Verwandschaft)
Bähmulle	langweiliger, schnell beleidigter Mensch
Bahwärtrstäfala	extrem große oder abstehende Ohren (Bahnwärtertafeln)

Bassä (frz.: bassin)	Wasserbecken
Bassledo (frz.: passer les temps)	Zeitvertreib

Battschr (frz.: battre)	Teppichklopfer
Bauglötzr schtauna	sehr erstaunt sein (Bauklötze staunen)
Bei de Reiche lernt ma s'spara, bei de Arme s'kocha.	Bei den Reichen lernt man das Sparen, bei den Armen das Kochen.
Bei dem schafft au bloß dr Moscht em Keller!	ein fauler Mensch (Bei dem arbeitet nur der Most im Keller.)
Bei dene siehts aus wias Kühbuaba-Hemmad.	Die Wohnung dieser Leute ist sehr schmutzig. (Bei diesen Leuten sieht es zu Hause aus wie auf dem Hemd eines Hütejungen.)
Bei dera hoißt's ao, friher war se bildschön und heut isch nao's Bild schön.	Alles ist vergänglich. (Bei dieser Person stimmt der Satz: Früher war sie bildschön, heute ist nur noch das Bild schön.)
Bei mir isch am End vom Geld einfach noh zviel Monat übrig!	Mir reicht das Geld hinten und vorne nicht! (Bei mir ist am Ende des Geldes einfach noch zu viel Monat übrig.)
Bei so am wüschta Wettr isch a Leich kei Vrgnüga.	Wenn das Wetter so scheußlich ist, macht die Beerdigung keine Freude.
Beim Bügla gibt sich viel, hot sell'r Schneidr gsagt, wo da Hosalada hinta nognäht hot.	Hauptsache, optimistisch. (Das gibt sich beim Bügeln, meinte der Schneider, der den Hosenschlitz hinten angebracht hatte.)

Beim Schaffa friera und beim Essa schwitza, des send mr dia Rechte.	Menschen, die kaum Leistung bringen, aber beim Essen vorneweg dabei sind, mag ich nicht. (Bei der Arbeit frieren und beim Essen schwitzen – das sind mir die Richtigen.)
Beissa könnt I no, aber schlucka nemme!	Ich bin satt bis oben hin. (Kauen könnte ich noch, aber schlucken geht nicht mehr.)
Bergab schiebet älle Heilige, berguff aber kein Teufel.	Wenn es schwierig wird, ist man immer allein. (Bergab schieben alle Heiligen, bergauf kein Teufel.)
besser als a Gosch voll Glufa	Das ist nicht schlecht. (besser als den Mund voller Stecknadeln)
Besser, mr denkt ällas, was mr sagt, als mr sagt ällas, was mr denkt.	Es ist besser, man denkt über das nach, was man sagt, als dass man alles sagt, was man denkt.
Bettl noschmeissa	aufgeben (den Bettel hinwerfen)
Bevor I me schlaga lass, nemme no a Schdickle.	Ich greife gerne noch mal zu. (Bevor ich mich schlagen lasse, nehme ich noch ein Stück.)
Bibbeleskäs	Quark (Quark wurde früher auch an Küken (= Bibbele) verfüttert.)
Billig vrkaufa und schlecht heirata kansch äll Tag.	Schlechte Geschäfte zu machen ist keine Kunst. (Seine Ware (zu) billig verkaufen und eine schlechte Partie ma chen kann man jeden Tag.)
Blärrkäddr	Heulsuse
blimerand [blümerant] (frz.: bleu mourant)	schwindelig
Bloß Dumme meinet, d'Gscheite wüsstet älles.	Bloß Dumme meinen, die Gescheiten wüssten alles.
bloß no a Muckaseckale	nur noch ein winziges Stück
blotza lau	fallen lassen
bluadige Hennaköpf	schäbischer Fluch (blutige Hennenköpfe)
Boinerkarle	Skelett
Bräschdlengsgsälzhäfale [Breschtlingsgsälzhäfele]	Erdbeermarmelade-Glas

Brauchat Se a Gugg? Möchten Sie eine Tragetüte?

Bredull (frz.: bredouille) Bedrängnis, Not

Bring me net en Jäscht! Reg mich nicht auf!

bruddla wia an siediga Grombierahafa wütend herumschimpfen (schimpfen wie ein Topf mit kochenden Kartoffeln)

Bsuch isch scho recht, solang er dia Schuh net ratut. Ein Besuch sollte nicht zu lange dauern. (Über Besuch freut man sich im Prinzip durchaus, solange er die Straßenschuhe anbehält.)

bussiera flirten

D'Fremde gibt Leut, hot sellas Mädle gsagd und isch mit ema Schubkarra voll Kinder heimkomma. Man muss in die Fremde gehen, um Erfahrungen zu sammeln.

D'Weiber hend immer recht, bsonders dia eigene. Frauen haben immer recht, insbesondere die eigene Ehefrau.

Da beisst kei Maus an Fada ab. Daran führt kein Weg vorbei.

da Dackl macha der Trottel der anderen sein

Da isch dr Gehweg schon hochklappt. Hier ist überhaupt nichts mehr los, tote Hose. (Hier sind die Bürgersteige schon hochgeklappt.)

Da isch Hopfa und Malz verlora. Da geht einfach gar nichts mehr. (Hier ist Hopfen und Malz verloren.)

Da möchd oims Fiedle schwätza. Da geht einem der Hut hoch. (Hier möchte einem nachgerade der Hintern reden.)

99

Da muasch s'Gnick eizieha.	Hier muss man vorsichtig sein. (Hier musst du das Genick einziehen.)
da Ranza vrschlaga	jemanden verprügeln
da Roschd ra do	in Senkel stellen
da Rüssl nahänga	traurig sein (ein trauriges Gesicht machen)
Da siehts ja aus wia d'Sau!	Hier sieht es schrecklich aus! (Hier sieht es aus wie die Sau.)
Da springet Mäus mit blutige Zehanägel d'Stieg nuff und ra.	Hier ist nichts zu holen. (Hier rennen die Mäuse mit blutigen Zehennägeln die Treppen hoch und runter.)
Dädsch Du mi nehma, wann i Di wedd?	Schwäbische Liebeserklärung … (Würdest du mich nehmen, wenn ich dich wollte?)
Dädsch mer net gschwind Schprudl hola?	Schwäbische Befehlsform … (Hol mir ein Mineralwasser!)
Dafür kosch kei Geiß bocka lassa.	Das ist zu wenig.

dahänga wie Schippa Sieba	völlig erledigt sein (dahängen wie die Schippe sieben (eine Skatkarte))
Damit immer meh immer wenichr doa kennad, missad immer wenichr immer meh doa!	Damit immer mehr Leute immer weniger arbeiten müssen, müssen immer weniger Leute immer mehr arbeiten.
De Alte sagt mr net älles und die Junge braucht net älles wissa.	Den Alten sagt man nicht alles und die Jungen müssen nicht alles wissen.
De beschte Händl send zu nix nutz.	Die besten Streitereien sind zu nichts nütze.
De Dumme send onserm Herrgott seine liebschte Kinder.	Den Seinen gibt's der Herr im Schlaf. (Die Dummen sind unseres Herrgotts liebste Kinder.)

100

De gscheite Leut ganget d'Hoor raus, Sauköpf muaß mr brüha.	Kluge Leute kriegen es alleine hin, Dummen muss man helfen. (Gescheiten Leuten fallen die Haare aus, die Dummen (Sauköpfe) müssen dafür überbrüht werden.)
De Reiche ihre Mädla und de Arme ihre Kälbla kommat ällaweil an da Mo.	Manches lässt sich eben leichter verkaufen. (Die Töchter der reichen Leute und die Kälber der armen Leute finden immer einen Abnehmer.)
degamäsich [degemaßig]	unterwürfig
Dem dure dafür!	Dem biete ich Paroli!
Dem geht an ganza Seifasieder uff.	Dem geht ein Licht auf!
Dem ghört dr Dippl bohrt	Der spinnt total!
Dem ghört Zung gschabt.	Wählerische Menschen sollten mal in die Situation kommen, dass sie keinerlei Auswahl haben. (Dem sollte man die Zunge schaben.)
Dem kalbt dr Sägbock.	Der hat unverschämtes Glück. (Dem kalbt selbst der Sägebock.)
Dem läuft da Rotz nach oba.	Der hat ein unverschämtes Glück. (Dem läuft der Rotz nach oben.)
Dem musch au a Frau in Wasseralfinga gießa lau.	Das ist ein Mann, dem keine Frau gut genug ist. (Eine Frau für diesen Mann muss man in Wasseralfingen gießen lassen. / Bei Wasseralfingen wurde das einzige nennenswerte Eisenerzvorkommen in Schwaben entdeckt, weshalb dort eine Gießerei eingerichtet wurde.)
Den hann e auf dr Latt!	Den kann ich nicht ausstehen! (Den hab ich auf der Latte!)
Den kosch net braucha, der hot zwei linke Händ und dia no em rechta Hosasack.	Das ist ein sehr ungeschickter Mensch! (Der ist nicht zu gebrauchen, der hat zwei linke Hände und beide auch noch in der rechten Hosentasche!)
Den scheniert d'Muck an dr Wand.	Dem kann es keiner recht machen. (Den stört die Fliege an der Wand.)

Der dreht an Pfennig zweimal om, bevor er n wieder eisteckt.	Der dreht den Pfennig zweimal um, bevor er ihn wieder einsteckt.
Der druckt rei wia d'Kälte.	Das ist ein rücksichtsloser Mensch. (Der drängt sich herein wie die Kälte.)
Der führt sich auf wia dr Fuchs em Hennastall.	Das ist ein rücksichtsloser Mensch. (Der benimmt sich wie der Fuchs im Hühnerstall.)
Der geht mit em Geld om wia dia Sau mit em Stroh.	Der wirft mit Geld nur so um sich. (Der geht mit Geld um wie ein Schwein mit Stroh.)
Der Gerechte muss viel leida, hot seller Mesner gsait, als er zum Läuta ganga isch.	Der Gerechte muss viel leiden, sagte der Mesner, als er zum Läuten in die Kirche ging. (Im Schwäbischen klingen „läuten" und „leiden" fast gleich, eben „leida".)
Der hockt do wia a Pfund Schnitz.	Der sitzt ganz krumm da.
Der hot ao zwei Händ, eine zom nehma und eine zom bhalta.	Der nimmt gern und gibt ungern. (Der hat zwei Hände, eine zum Nehmen und eine zum Behalten.)
Der hot sei rode Nas au net von zu enge Schuh.	Die rote Nase kommt bestimmt nicht von zu engen Schuhen.
Der isch am liebschta do, wo scho gschafft, aber no net gessa isch.	Der drückt sich gerne vor der Arbeit. (Der ist gerne dort, wo die Arbeit schon erledigt ist, aber noch nicht gegessen wurde.)
Der isch lang gwachsa und kurz blieba.	Liebevoller Spott über einen kleinen Menschen … (Der ist lange Zeit gewachsen und doch kurz geblieben.)
Der jommarad au mit ma volla Bauch.	Der jammert sogar mit vollem Bauch.
Der lacht au bloß em Keller, wenn's niemand sieht.	Das ist ein schrecklich griesgrämiger Mensch. (Der lacht nur im Keller, wo ihn ganz bestimmt niemand sieht.)
Der Lällebäbbl schwätzt wieder mol an Bäbb raus.	Der redet mal wieder völligen Blödsinn.
Der meint au, er häb Milch em Hafa, dabei scheint blos dr Mond nei.	So kann man sich täuschen. (Der meint, er habe Milch im Topf, dabei scheint nur der Mond hinein.)

Der meint au, er könnt mit ma Furz an ganza Acker dünga.	Der meint, er käme ohne große Anstrengung sehr weit. (Der meint, er könne mit einem einzigen Furz einen ganzen Acker düngen.)
Der Mensch ko a Sau sei, aber kei Sau an Mensch.	Nur der Mensch ist zu allem fähig. (Der Mensch kann ein Schwein sein, aber kein Schwein wird je ein Mensch sein.)
Der oine stirbt sich so leicht und an andera bringts beinah om.	Der eine tut sich leicht, der andere nicht. (Der eine tut sich leicht mit dem Sterben, den anderen bringt es fast um.)
Der schwimmt wie an Wetzstein, net weit, aber tief.	Der taugt nicht viel. (Der schwimmt wie ein Wetzstein, nicht weit, aber tief.)
Der sieht dr Kuh am Euter a, was dr Butter en Paris koschtet.	Der hört das Gras wachsen. (Der sieht einer Kuh am Euter an, was die Butter in Paris kostet.)
Der wär erscht recht, wenn mr'n oba und unta absäga und no d'Mitte wegschmeißa dät.	Den kannst Du vergessen! (Der wäre erst zu etwas nütze, wenn man ihn oben und unten absägen und dann den Mittelteil wegwerfen würde.)
Der wurd au em Schmalzhafa net fedd.	Das ist und bleibt ein dürrer Kerl. (Der würde auch in einem Schmalztopf nicht dick.)

Dergel [Därgel]	kleines Kind
Des dürfat se fei net!	Das ist verboten! (Das dürfen Sie aber nicht.)
Des geht oms Numgucka.	Das geht im Nu.
Des gschieht meiner Mutter recht, dass mi'as an Finger friert, warum hot se mir keine Händschich gä!	Es geschieht dem anderen recht, wenn er ein schlechtes Gewissen hat, denn er ist schuld daran, dass es mir schlecht geht. (Es geschieht meiner Mutter recht, wenn es mich an den Händen friert, warum hat sie mir keine Handschuhe gekauft?)

Des isch a Gschäft wias Katzamacha.	Das geht leicht von der Hand. (Das geht wie's Katzenmachen.)
Des isch a Kunscht, amma nackta Ma en Tasch nei langa.	Es ist schwierig, einem Armen auch noch etwas wegzunehmen. (Es ist eine Kunst, einem nackten Mann in die Tasche zu greifen.)
Des isch an armr Teufl, der hot net amol a eigne Höll.	Der ist wirklich ein armer, heimatloser Mensch. (Der ist ein armer Teufel, er hat noch nicht mal eine eigene Hölle.)
Des isch besser als a Dasch voll Gsälz oder a Gosch voll Glufa.	Immer noch besser als gar nichts! (Das ist immer noch besser als eine Tasche voller Marmelade oder den Mund voller Stecknadeln.)
Des isch fei net de Mäus' pfiffa.	Das ist keine Kleinigkeit, sondern ganz schön viel.
Des isch kei Schleckhafa.	Das ist kein Vergnügen. (Das ist kein Töpfchen mit süßem Inhalt.)
Des isch mir ebbes args!	Das tut mir sehr leid! (Das ist mir arg.)
Des isch net ganz hasarein!	Das ist nicht ganz legal! (Das ist nicht ganz hasenrein.)
Des isch no lang net gschwätzt!	Das ist noch nicht beschlossene Sache! (Das ist noch nicht besprochen.)
Des isch onedig wie an Kropf.	Das ist absolut unnötig. (Das ist so unnötig wie ein Kropf.)
Des isch was anders als Vogelhäusle amohle.	So einfach ist es nicht. (Das ist etwas anderes, als (nur) ein Vogelhäuschen anzumalen.)
Des ischt an Kerle wia an Christbaum – der lässt sich älles ufhänga.	Das ist ein Kerl wie ein Christbaum, dem kannst Du alles anhängen.
Des kann i leida wia Ranzaweh.	Das mag ich überhaupt nicht. (Das kann ich genauso gut leiden wie Bauchschmerzen.)
Des ko kei Sau lesa.	Das ist völlig unleserlich. (Das kann keine Sau lesen.)
Des kommt mr überzwerch.	Das passt mir überhaupt nicht. (Das kommt mir überzwerch.)

Des kosch grad so halta wia der am Dach!	Das ist mir völlig egal! (Das kannst du gerade so machen wie derjenige auf dem Dach.)
Des pfupfert me scho!	Das lockt mich sehr!
Des schlechtest Wagarad knarret am lauteschta.	Derjenige, der am wenigsten zum Gelingen beiträgt, reißt am weitesten das Maul auf. (Das schlechteste Rad am Wagen knarrt am lautesten)
Des vrgonn i am!	Das geschieht ihm gerade recht! (Das gönne ich ihm.)
Di hend se au beim Bettamacha gfunda.	Du bist nicht erwünscht! (Dich haben sie wohl beim Bettenmachen gefunden?)
Dia Dümmschde send de Schlimmste.	Die Dümmsten sind die schlimmsten/am schlimmsten.
Dia gröschte Lompa send oft die ehrlichste Leut.	Trau schau wem. (Die größten Lumpen sind oft die ehrlichsten Menschen.)
Dia Lieb vergeht, aber Sach bleibt Sach.	Liebe vergeht, Besitz bleibt Besitz.
Dia macht Auga wia d'Maus onderm Ziegl.	Die ist immer gleich beleidigt. (Die verdreht die Augen wie die Maus unterm Ziegel.)
Dia Welt ischt vrdreht: Ama volla Beutel trägsch leicht, ama leera schwer.	Die Welt ist merkwürdig verdreht: An einem vollen Geldbeutel trägt man leicht, an einem leeren aber schwer.
Die isch au net hälenga uf dr Welt.	Diese Frau vergisst man nicht so leicht. (Diese Frau ist nicht heimlich auf der Welt.)
Die Schtieg na	Die Treppe nach unten gehen
Die Woch fängt gut an, hot d'Hex gsagt, als mr se am Montag vrbrennt hot.	Es ist schon Montagfrüh und die Woche nimmt kein Ende. (Die Woche fängt ja gut an, sagte die Hexe, die am Montag verbrannt wurde.)

Do esset d'Leut gern, wo mr vor lauter Fleisch kei Kraut meh sieht.	Wo der Tisch üppig gedeckt ist, wird gerne gegessen. (Wo vor lauter Fleisch das Kraut nicht mehr zu sehen ist, essen die Leute gerne.)
Do hot mei Vatr gmickt, do mick i au, und wenns da Berg nuffgeht.	Das haben wir schon immer so gemacht und dabei bleibt es. (Hier hat mein Vater gebremst, hier bremse ich auch, selbst wenn es den Berg hinaufgeht.)
Do isch d'Hebamm au nemme schuld.	Hier kann man nichts mehr machen und keiner hat Schuld daran. (Daran ist die Hebamme nicht mehr schuld.)

Do kennsch auf dr Sau naus!	Da könnte man ja verrückt werden. (Man könnte auf der Sau davonreiten.)
Du bisch a Kerle wia'am Heiland sein Gaul.	Du bist ein Esel! (Du bist das, was dem Herrgott sein Gaul war!)
Es isch besser, mr derf nemme heimkomma, als mr derf nemme fort.	Man muss die richtigen Prioritäten setzen. (Besser nicht mehr heimkommen dürfen, als nicht mehr fortgehen dürfen.)
Es kennat net älle Herra sei, wer tät no die Säu hüta.	Es können nicht alle ganz oben stehen. (Es können nicht alle Herren sein, wer würde denn dann die Schweine hüten?)
Etz grad mid Fleiß ed!	Nun schon gar nicht!
Geizige Leud isch schlecht wäscha, dia reut sogar dr Dreck.	Geizige Menschen sind schwierig zu waschen, die reut sogar der Schmutz.
Geld hann und kein Durscht isch net so schlimm, wia Durscht han ond kei Geld.	Geld zu haben und keinen Durst, das ist nicht so schlimm, wie Durst zu haben und kein Geld.

Gott em Herze, a Mädle em Arm, s'erste macht seelig, s'zweite macht warm.	Gott im Herzen, ein Mädchen im Arm, das erste macht selig, das zweite macht warm.
Grad recht, dass Geiß verreckt, s'Heu isch so rar.	Es hat alles auch sein Gutes. (Glücklicherweise ist die Ziege gestorben, das Heu ist gerade sehr teuer.)
Grombiera mit Lieb send besser wi'a Bratwurscht mit Zänk.	Mit Geld kann man nicht alles kaufen. (Liebevoll gekochte Kartoffeln sind besser als Bratwürste, die mit Streit einhergehen.)
Gscheitr, mr denkt ällas, was mr sait, als mr sait ällas, was mr denkt.	Wenn Du geschwiegen hättest, hielte man Dich immer noch für einen Philosophen. (Es ist klüger, alles zu durchdenken, was man sagt, als alles zu sagen, was man denkt.)
Ha jetz ko e gar nemme!	Ausruf höchsten Erstaunens (Jetzt kann ich gar nicht mehr.)
Hennafurz	unwichtige Sache (Hennenfurz)
I beh doch net Dei Geherdale!	Ich bin doch nicht dein „Geh-gefälligsther"! (Ich bin doch nicht dein Knecht!)
I ko nemme, leerats über me na.	Ich bin pappsatt, schüttet den Rest über mich drüber.

Katzawäsch	kurze, schnelle Reinigung des Gesichts (Katzenwäsche)

Komm, mr gangat ens Bett, damit dia Leut heim könnat!	Aufforderung an den Besuch, endlich zu gehen! (Komm, wir gehen ins Bett, damit die Leute endlich heimgehen können.)
Kuadreck und Butter hend ei Mutter.	Freud und Leid liegen nahe beieinander. (Kuhdreck und Butter haben eine Mutter.)
lieber hungrig ens Bett als mit Schulda uffstanda	Lieber hungrig zu Bett gehen als mit Schulden aufzustehen.
lieber zweimal gschämt als einmal zviel Geld ausgeba	Lieber zweimal sich schämen, als einmal zu viel Geld ausgeben.
liebr a dutzend Neidr als oin Mitleidr	Neid muss man erarbeiten, Mitleid bekommt man geschenkt. (Lieber ein Dutzend Neider als einer, der Mitleid hat.)
liebr hälenga gscheit wia o'heimlich blöd	Lieber ein heimlicher Pfiffikus als ein unheimlicher Blödmann. (Lieber heimlich gescheit als unheimlich blöd.)

manzig	sehr klein, winzig
Mit am Wein ischs wie mit dr Politik: Mr merkt erscht hinterher, welche Flasche mr gwählt hot.	Mit dem Wein ist es wie mit der Politik: Erst hinterher merkt man, welche Flasche man gewählt hat.
Mit kloine Schritt kommt's Geld ens Haus – naus machts große.	Mit kleinen Schritten kommt das Geld ins Haus, mit großen geht es wieder.
Mr glaubt gar net, was in ein neigeht, wem'r langsam tut und an anderer zahlt.	Man glaubt gar nicht, was man essen kann, wenn man langsam ißt und ein anderer bezahlt die Rechnung.
Mr muaß viel lerna, bis mr weiß, wia dumm dass mr isch.	Man muss viel lernen, um zu erkennen, dass man eigentlich nichts weiß.

Mr muss es Geld von de Leut nehma, von de Bäum ko mr's net schüttla.	Man muss das Geld von den Menschen nehmen, von den Bäumen kann man es ja nicht schütteln.
nemme Babb saga kenna	völlig satt sein (nicht mal mehr „papp" sagen können)

Nescht	Bett
Net bruddld isch au globt.	Nicht zu schimpfen ist auch eine Art von Lob.
Neue Besa kehrat gut, aber d'alte kennat d'Eckla besser.	Neue Besen kehren gut, aber die alten kennen die schmutzigen Stellen besser.
No ben e hald so frei.	Wenn Sie es mir schon anbieten, greife ich gerne noch mal zu. (Ich bin so frei.)
Oft muass an Hafa erst he gau, bevor mr merkt, was mr an nem ghet hot.	Oftmals muss ein Topf erst kaputtgehen, bevor man merkt, was man an ihm hatte.
omanand	umher
Ripp	unangenehme, böse Frau
S gibt Dumme und Saudumme, dumm bisch Du net.	Es gibt Dumme und Saudumme, dumm bist Du nicht.
S Leba isch kei Schlotzr.	Das Leben ist kein Wunschkonzert. (Das Leben ist kein Lutscher.)
S'Falla isch kei Kunscht, aber s'Aufschtanda.	Hinfallen ist keine Kunst, aber das Aufstehen.

S'isch ebbes args, was i Wurscht fressa muss, bis meine Kindr vo dr Haut satt werdat.

Schlimm, wie viel Wurst man essen muss, damit es genügend Pelle gibt, von der die Kinder satt werden können.

S'isch gschbässig, dass oin an leer Beudl meh druckt als an vollr.

Es ist schon merkwürdig: Ein leerer Geldbeutel drückt mehr als ein voller …

S'menschalat halt überall, sogar im Himmel.

Es menschelt halt überall, selbst im Himmel.

Schenka kan i dir's leider net, sonsch kansch kei Skonto mehr abzieha.

Schenken kann ich es dir leider nicht, denn dann könntest du ja kein Skonto mehr abziehen.

Schwätz mr kei Griebaschmalz ums Maul!

Schmeicheln nützt bei mir nichts. (Red mir kein Schmalz an den Mund.)

S'geht älles, sogar a Wagarad, wemmer's schmiert.

Alles geht, sogar ein Wagenrad, wenn es gut geschmiert ist.

Sia sehat aber arg abschafft aus!

Höchstes schwäbisches Kompliment! (Sie sehen sehr abgearbeitet aus!)

Sicher isch sicher, hot dr Bauer gsait und sein tota Hund abunda.

Sicher ist sicher, sagte der Bauer und band seinen toten Hund an.

Sieba Johr hent se's Michele mid mr drieba, aber i han's glei' gemerkt!

Sieben Jahre lang haben sie mich veräppelt, aber ich hab es ganz schnell gemerkt.

Solang mr singt, isch d'Kirch net aus.

Es besteht immer noch Hoffnung! (Solange man singt, ist der Gottesdienst noch nicht beendet.)

Uff am Kirchhof liegat an Haufa Leut, die glaubt hent, ohne sie gehts net.

Auf dem Friedhof liegen viele Menschen, die sich für unersetzlich hielten. (Auf dem Friedhof liegen viele Menschen, die dachten, ohne sie ginge es nicht weiter.)

uffdackla — übertrieben herausputzen

uffschtanda wia d'Sau vom Trog — eine Schweinerei hinterlassen (einfach aufstehen und weggehen wie die Sau vom Trog)

um a Muckaseggale — ganz knapp (Das Muggaseggale ist das kleinste schwäbische Längenmaß.)

Ums Numgucka kasch nemme rumgucka. — Unversehens ist alles vorbei.

Viel Händ sind immer guat, außer en dr Schüssel. — Viele Hände sind immer gut, außer wenn man aus einer Schüssel isst.

Vo dem seim Roschdbroda hosch zwei Täg Muskelkatr en dr Gosch. — Der kocht wirklich reichliche Portionen. (Von seinem Rostbraten tun dir die Kaumuskeln zwei Tage lang weh.)

Vo'ma Ochsa ko mer net mehr verlanga wi'a guats Stück Rendfleisch. — Jeder nach seinen Fähigkeiten. (Von einem Ochsen kann man nicht mehr verlangen als ein gutes Stück Rindfleisch.)

vor lauter lass me au mit — vor lauter Hektik (vor lauter „lass mich auch mitgehen")

Warum a Wüschte heirata, a Schöne frisst au net meh. — Warum eine Hässliche heiraten, eine Schöne verzehrt nicht mehr als die.

Warum soll I uff dem sei Beerdigung ganga, der geht au net uff meine! — Warum soll ich zu seiner Beerdigung gehen, er geht ja auch nicht auf meine!

Was e schene Birn isch, gibt au e schöne Hutzl!

Eine junge schöne Frau bleibt auch im Alter schön! (Aus einer schönen Birne wird auch schönes Trockenobst.)

Was i hergäb, han i nemme.

Was ich hergebe, habe ich nicht mehr.

Was kein Wert hot, isch sogar geschenkt zu teuer.

Das ist überhaupt nichts wert! (Was keinen Wert hat, ist selbst geschenkt zu teuer.)

Wenn mir dädad, wa mr solltat, däd dr Herrgott, was mr wellat.

Der Mensch denkt, Gott lenkt. (Wenn wir tun würden, was wir tun sollen, würde der Herrgott das tun, was wir wollen.)

Willsch was gelta, mach de selta.

Wenn Du angesehen sein willst, mach Dich rar.

Zu de Leut komma und bei de Leut sei isch zweierlei.

Zu den Menschen kommen und bei den Menschen sein, das ist ein Unterschied.

Zu dritt schaffa, zu zweit schlofa, allei erba.

Das wäre das Beste. (Zu dritt arbeiten, zu zweit schlafen, alleine erben.)

Zviel isch bittr, und wenns Honig wär.

Allzuviel ist ungesund. (Zu viel ist bitter, selbst wenn es Honig wäre.)